许传宏 / 著

上海红色文化资源传承利用的机制构建

Mechanism Construction of

Inheritance and

Utilization of

Red Cultural Resources

in Shanghai

上海社会科学院出版社

序　言

　　2019年，习近平总书记在上海考察时指出，"上海是我们党的诞生地，党成立后党中央机关长期驻扎上海。上海要把这些丰富的红色资源作为主题教育的生动教材"。在党的二十大报告中，总书记更进一步明确了新时代"发展社会主义先进文化，弘扬革命文化"的要求。

　　作为一座具有光荣革命传统的英雄城市，上海铭刻了中国共产党创建、发展与领导新民主主义革命、社会主义革命和建设的艰辛和辉煌。上海是中国革命红色基因的发源地，留下了宝贵的红色资源，创造了伟大的革命文化。在很长一段时间里，上海都堪称一个思想活跃、力量集中、活动频繁、资源充足、影响广泛的革命圣地。因此，如何将上海的红色资源、红色传统和红色基因保护好、管理好、开发好、利用好，这是承担"上海红色文化资源传承利用长效机制研究"项目的课题组成员自始至终所考虑的问题。

　　作为一种科学的思想体系，马克思主义是人类思想史上最重要的科学认识成果之一。马克思主义的思想体系博大精深，为中国的社会实践提供了科学理论的指导。中华民族优秀的传统文化源远流长,是中华文明的智慧结晶。无数仁人志士、革命先驱们将马克思主义植根于中国,同中华民族优秀文化相结合,艰苦卓绝筚路蓝缕,历经百年风雨,使得马克思主义的真理之树根深叶茂。

在中国革命的实践中,中国共产党将马列主义与我国的国情相结合,形成了中国化的马克思主义。红色文化应运而生并显现出科学性和强大的生命力。红色文化是中国共产党人用鲜血和生命积淀的文化遗产。马克思主义中国化是红色文化最重要的理论基础与思想灵魂。红色文化与马克思主义中国化、时代化、大众化密切相联。从一定意义上来说,我们党领导中国人民进行革命、社会主义建设以及改革开放的百年实践过程,也是不断深入探索马克思主义中国化、时代化、大众化的进程。

红色文化具有独特的社会功能,它对我们坚定文化自信、增强国家认同感以及培育时代新人、提升国家文化软实力、实现中华民族的伟大复兴等都具有重要的实践意义。回首建党百年历史,党的红色文化建设始终坚持从党的中心工作出发,这是中国共产党百年红色文化建设的一条基本经验。

由于历史等方面的原因,上海红色文化资源还存在一定程度上的遗迹湮没、管理机制与法规亟待健全、统筹联动机制需要建立等现实难题。进入 21 世纪,如何利用数字技术以及如何使上海红色文化资源发挥的效用最大化等问题凸显。这也是探讨上海红色文化资源传承利用所面临的挑战。

2022 年 8 月,习近平总书记在谈到红色基因传承问题时说道:"红色江山来之不易,守好江山责任重大。要讲好党的故事、革命的故事、英雄的故事,把红色基因传承下去,确保红色江山后继有人、代代相传。"这也是对上海红色文化资源传承利用的最根本要求。从这一点来说，上海在红色文化资源传承利用方面要加强伟大建党精神研究、要利用数字赋能拓展宣传功能以及要从制度上健全完善整合保障机制等显得更加重要。

伟大建党精神伴随着中国共产党人寻求救国救民真理的不懈探索，它是中国共产党领导中国人民进行革命、建设、改革伟大实践的结晶，是中国共产党团结带领中国人民进行一切奋斗、一切创造的精神动力，是中国共产党立党、兴党、强党的精神原点和思想基点。弘扬伟大的建党精神，要全方位地挖掘红色文化的政治、经济、文化、社会和生态价值，扩大传承利用的领域，使之焕发新的活力，我们要能够综合运用各种传统与现代、静态与动态的传播手段，创新红色文化传播途径，进而拓展传承利用的形式，生动、直观、形象地将红色文化的物质和非物质形态呈现在受众面前。

2021年7月1日，《上海市红色资源传承弘扬和保护利用条例》正式施行。在2022年全国两会期间，有全国人大代表提出建议，希望能在总结地方法律立法工作实践经验的基础上，由国家层面制定《中华人民共和国红色文化资源保护法》，让区域性、局部性的政策保护成为常态化的制度供给，从而使红色文化资源的传承与创新工作在法治轨道上行稳致远。可以相信，《中华人民共和国红色文化资源保护法》的出台，将会在制度层面对红色文化资源的传承和保护起到整体上的引导、激励、规范作用。无疑，这也必将会大大地促进上海红色文化资源传承利用的机制创新。

许传宏
2023 年 9 月

目 录

序　言 ……………………………………………… 1

第一章　马克思主义中国化与红色文化的历史发展………… 1
一、马克思、恩格斯关于资源环境的理论 …………… 1
　（一）思想形成 ……………………………… 1
　（二）历史发展 ……………………………… 4
　（三）当代价值 ……………………………… 10
二、红色文化与马克思主义中国化 ………………… 12
　（一）红色文化的概念 ……………………… 12
　（二）红色文化与中华优秀传统文化 ………… 15
　（三）马克思主义中国化、时代化、大众化 …… 17
三、建党百年的红色文化建设 ……………………… 24
　（一）建党百年红色文化建设历程 …………… 24
　（二）红色精神文化的社会功能 ……………… 32
　（三）红色文化建设的基本经验 ……………… 36

第二章　中国共产党在上海的"红色源头" …… 44
一、中国红色之路的起点 …… 44
（一）渔阳里的火种 …… 44
（二）树德里的灯光 …… 48
（三）红色之源 …… 50
二、上海红色资源的特点 …… 55
（一）绵延不绝 …… 55
（二）内涵丰富 …… 57
（三）影响深远 …… 67
三、上海红色革命纪念地资源 …… 68
（一）伟人、名人和革命者故居 …… 69
（二）革命历史事件和活动遗址、遗迹 …… 71
（三）红色机构纪念地 …… 72

第三章　上海红色文化资源传承利用的问题思考 …… 75
一、上海红色文化资源传承利用面临的问题 …… 76
（一）理论研究需要更深层次的历史反思 …… 76
（二）宣传与展示利用手段有待丰富 …… 81
（三）相关法律法规建设亟待健全完善 …… 86
二、上海红色文化资源传承利用的主要对策 …… 88
（一）加强伟大建党精神研究 …… 88
（二）数字赋能拓展宣传功能 …… 96
（三）健全完善整合保障机制 …… 99
三、上海红色文化资源传承利用的路径探讨 …… 104

（一）可借鉴的模式……………………………… 104
　　（二）基础平台建设……………………………… 109
　　（三）展示利用创新……………………………… 111

第四章　上海红色文化资源利用共享的数字平台……… 117
一、上海红色文化现有的数字资源……………… 117
　　（一）整体现状…………………………………… 118
　　（二）红色文化资源数字传播的问题…………… 123
　　（三）有效利用数字化传播的代表性纪念馆…… 128
二、红色文化数字化公共服务平台……………… 133
　　（一）基本功能…………………………………… 133
　　（二）内容要求…………………………………… 135
　　（三）整合共享…………………………………… 138
三、数字平台模块设计…………………………… 142
　　（一）功能模块…………………………………… 142
　　（二）模块设计…………………………………… 144
　　（三）典型案例评析……………………………… 147

第五章　上海红色文化资源的评价…………………… 154
一、上海红色文化资源评价的有关问题………… 154
　　（一）问题的提出………………………………… 155
　　（二）相关研究…………………………………… 156
　　（三）评价基础…………………………………… 157
二、上海红色文化资源的评价指标……………… 159

（一）红色文化资源价值的构成要素 ⋯⋯⋯⋯ 160
　　（二）红色文化资源评价指标的选取 ⋯⋯⋯⋯ 163
　　（三）红色文化资源评价等级的划分 ⋯⋯⋯⋯ 167
三、结论与展望 ⋯⋯⋯⋯⋯⋯⋯⋯⋯⋯⋯⋯⋯⋯⋯ 170
　　（一）整体性研究评价 ⋯⋯⋯⋯⋯⋯⋯⋯⋯⋯ 170
　　（二）经验与借鉴 ⋯⋯⋯⋯⋯⋯⋯⋯⋯⋯⋯⋯ 171
　　（三）需要进一步加强的工作 ⋯⋯⋯⋯⋯⋯⋯ 173

第六章　上海红色文化资源传承利用的创新机制 ⋯⋯ 179
一、优化资源配置 ⋯⋯⋯⋯⋯⋯⋯⋯⋯⋯⋯⋯⋯⋯ 180
　　（一）加强红色文化资源场馆建设 ⋯⋯⋯⋯⋯ 180
　　（二）校馆联合搭建"大思政课"育人体系 ⋯⋯ 182
　　（三）建设红色资源传播的网络阵地 ⋯⋯⋯⋯ 186
二、完善市场机制 ⋯⋯⋯⋯⋯⋯⋯⋯⋯⋯⋯⋯⋯⋯ 188
　　（一）全面开放的市场机制 ⋯⋯⋯⋯⋯⋯⋯⋯ 188
　　（二）公众参与的激励机制 ⋯⋯⋯⋯⋯⋯⋯⋯ 190
　　（三）媒介融合的创新传播机制 ⋯⋯⋯⋯⋯⋯ 193
三、健全保障体系 ⋯⋯⋯⋯⋯⋯⋯⋯⋯⋯⋯⋯⋯⋯ 199
　　（一）加强法律法规建设的制度保障 ⋯⋯⋯⋯ 199
　　（二）完善政府牵头的一体化联动保障 ⋯⋯⋯ 202
　　（三）提升文化认同感的实践育人保障 ⋯⋯⋯ 205

附　　录　上海市红色资源传承弘扬和保护利用条例 ⋯⋯ 211
致　　谢 ⋯⋯⋯⋯⋯⋯⋯⋯⋯⋯⋯⋯⋯⋯⋯⋯⋯⋯⋯ 226

第一章
马克思主义中国化与红色文化的历史发展

一、马克思、恩格斯关于资源环境的理论

作为马克思主义理论的重要组成部分,资源环境理论是马克思关于人与自然之间辩证关系的理论体系。它蕴含着丰富的与资源环境利用有关的人类社会发展理论思想。马克思、恩格斯的资源环境理论为人类社会的可持续发展提供了重要的思想基础和方法原则。他们的思想经历了一个从萌芽、形成到成熟的过程。

(一) 思想形成

自从有了人,人和环境就构成了一对难以分割的范畴。恩格斯在《反杜林论》中说:"人本身是自然界的产物,是在他们的环境中并且和这个环境一起发展起来的。"

人在自然界中具有双重属性。首先,人具有自然属性,人是

自然界的产物。人的自然属性决定了人的活动必然会受到自然规律的制约。而人与人之间互相协作所形成的社会关系，也表明了人又是一种社会存在物，具有社会属性。在《1844年经济学哲学手稿》中，马克思探讨了人与自然的辩证关系及其异化问题，指出"人是自然界的一部分"，人是"类存在物"，人"懂得按照任何一个种的尺度来进行生产"，"人也按照美的规律来建造"。在此基础上，马克思讨论了人与自然相互关系的辩证法，指出，只有到了共产主义社会，才能实现人的自由而全面的发展，"人与自然之间、人与人之间的矛盾"才能得到"真正的解决"，这"是存在和本质、对象化和自我确证、自由和必然、个体和类之间的斗争的真正解决。它是历史之谜的解答，而且知道自己就是这种解答"。

这一阶段，马克思认为，人与自然的关系是人在社会实践中形成的，人将自身的价值尺度和内在尺度运用于自然界，将自然界看成人自身的一部分。这可以说是马克思资源环境理论的萌生阶段。

1845年秋至1846年5月，马克思、恩格斯共同撰写了《德意志意识形态》，在书中，马克思、恩格斯第一次明确指出："全部人类历史的第一个前提无疑是有生命的个人的存在。因此，第一个需要确认的事实就是这些人的肉体组织以及由此产生的个人对其他自然的关系。当然，我们在这里既不能深入研究人们自身的生理特性，也不能深入研究人们所处的各种自然条件——地质条件、山岳水文地理条件、气候条件以及其他条件。"

这里，马克思、恩格斯论述了社会存在决定社会意识的原理。固然，社会存在决定社会意识，但是，社会存在是有一定物质前提的,如要有一定的资源、环境等。

更进一步,在论及资源环境的重要作用时,马克思、恩格斯提出:"历史的每一阶段都遇到一定的物质结果,一定的生产力总和,人对自然以及个人之间历史地形成的关系,都遇到前一代传给后一代的大量生产力、资金和环境,尽管一方面这些生产力、资金和环境为新的一代所改变,但另一方面,它们也预先规定新的一代本身的生活条件,使它得到一定的发展和具有特殊的性质。由此可见,这种观点表明:人创造环境,同样,环境也创造人。"从人和环境的关系来看,其是辩证的,互相起作用。人创造了一定的环境,环境对于人就有一定的反作用,环境可以影响人,改造人,创造人。

在《德意志意识形态》中,马克思、恩格斯实现了哲学立场与政治立场的统一。这与《1844年经济学哲学手稿》中所提出的"实践的人道主义"是一脉相承的,马克思、恩格斯将自己称为"实践的唯物主义者",提出:"对实践的唯物主义者及共产主义者来说,全部问题都在于使现存世界革命化,实际地反对并改变现存的事物。"突出实践的能动作用,强调实践的主导原则,任何自然统一于实践,在实践中理解自然,这可以说标志着马克思生态环境思想的正式形成。

在《资本论》的第一卷中,马克思把人与自然的关系放到经济制度中来论述,提出了"物质变换"的理论概念,即劳动是"人与自然之间的物质变换"过程——物质变换问题。他认为在资本主义生产方式的前提条件下,"交换过程使商品从把它们当作非使用价值的人手里转到把它们当作使用价值的人手里,就这一点说,这个过程是一种社会的物质变换。一种有用劳动方式的产品代替另一种有用劳动方式的产品……因此,我们只有从形式方面考察全部过程,就是说,只有考察为社会的物质变换作媒介的商品形式交换或商品形态交换。"

人通过有目的的改造自然的劳动过程来占有自然,使自然为人类生活提供必需的物质条件。当人与自然的关系已经转化为资本与自然的关系后,就会导致人与自然之间的物质变换,从而引发资源环境的生态危机,"物质变换"理论标志着马克思资源与生态环境思想的确立,已经形成成熟的理论。

(二) 历史发展

马克思的资源与生态环境思想的形成和发展有一个清晰的历史脉络。

1841年3月,马克思的博士论文《德谟克利特的自然哲学和伊壁鸠鲁的自然哲学的差别》完稿,同年4月,马克思获得耶拿大学哲学博士学位。马克思在博士论文中,赞同伊壁鸠鲁关于生命的起源、人类的起源以及文明的起源等观点,对比了德谟克利特和伊壁鸠鲁关于自然的哲学思想,提出"自我意识"的哲学立场,并肯定了推动历史的基本力量是批判的、思维的个人。这说明探讨人与自然关系已经引起马克思的高度关注。

在《1844年经济学哲学手稿》中,马克思和恩格斯进一步反思了人与自然的关系,指出了人与自然互相依存,人们通过自己的劳动可以将自在的自然转化为"人化自然",从而改造自然界。这也可以说是以人为根本的"人化自然"观的思想滥觞。

同时,马克思和恩格斯也指出,时代的发展,科学技术的广泛应用,使人类的生活方式发生了巨大的变化。在"资本"逻辑的驱动下,资本家唯利是图,伴随着科学技术的进步,其负面影响也愈演愈烈,人与人之间关系的淡漠与恶化,进而导致人与自然之间关系的恶化,从而影响了人们的生存环境。

1845年春,马克思创作了《关于费尔巴哈的提纲》,这是一篇政治文章。文章批判了费尔巴哈的旧唯物主义观点,指出费尔巴哈忽视了人的主观能动性,其唯心主义片面地夸大主观能动性是错误的,并且从阶级基础、哲学功能和使命等角度阐述了新、旧哲学的区别。强调要从理性的角度,发挥人的主观能动性,通过实践认识外部世界,满足对自由生活的追求;因为在客观上,它引起人们对自然界无穷变化的更多思考,深入理解人与自然关系的实质和根本,从而实现自然与人的和谐统一。

在《德意志意识形态》中,马克思揭示了生产力和生产关系辩证运动规律的根本内容,明确提出"人与自然和谐"的思想,阐明了经济基础和上层建筑的原理以及自从人类出现以后,人类史和自然史相互制约、相互创造的基本立场,阐述了人、社会与自然相互作用以及消除人与自然"对抗"的可持续辩证关系。

马克思指出:"对历史的考察可从两个方面来进行,将它划分为自然史和人类史。在'人'存在的前提下,两方面是彼此联系和彼此制约的。"理解整个历史的基础是必须在国家生活的范围内描述市民社会的活动,同时从市民社会出发来阐明各种不同的理论产物和意识形式,如宗教、哲学、道德等,并在这个基础上追溯它们可持续的产生过程。

在《资本论》中,马克思分析指出:资本主义生产目的是片面地单一地追求利润,这种生产为了促进经济增长会不惜一切代价唯利是图,从而必将导致人与自然物质和能量交换过程的撕裂,使得社会生产变得不可持续。要解决资源环境问题,一方面需要深入科学地论定人与自然的根本关系,明确人与自然的对立统一关系;另一方面,需要充分利用可持续的科学技术手段,来支撑人类社会的可持续的发展。马克思认为,从更高目标来看,要想从根本上解决人与自然的关系问题,必须要改变不合理的社会制度,以更为进步的共产主义制度来接替按"资本的逻辑"运转的资本主义制度。

不难发现,马克思的经典著作及其理论蕴含着丰富的可持续发展的理论。梳理可持续发展的问题,我们可以说,马克思的资源环境理论吹响了人类社会可持续发展理论的号角。

纵观 20 世纪,人类文明高度发展,与此同时,人类赖以生存的生态资源、自然环境也遭受了严重的破坏。因而人们开始反思自己的行为,开始重新认识资源环境与人类社会发展之间的关系,提出了可持续发展的问题。

1961 年,联合国通过了《联合国发展十年》。这是联合国通过的第一个关于"发展"问题的决议。这份决议提出了"单纯的经济增长不等于发展,发展本身除了量的增长要求以外,更重要的是要在总体质的方面有所提高和改善"。

1972 年,在瑞典的斯德哥尔摩,由联合国主持召开的人类环境会议是一次具有里程碑意义的盛会。会议有 110 多个国家参加。会议通过了《人类环境宣言》以及《人类环境行动计划》等议题,并将每年的 6 月 5 日确定为"世界环境日",响亮地提出了"人类只有一个地球"这一振聋发聩的口号。这次会议标志着全球对环境问题的认识已经达成了共识。从此,在世界范围内,人类实质性地开启了环境保护、造福人类的战略进程。

第一章　马克思主义中国化与红色文化的历史发展

1980年,"可持续发展"的概念由自然保护国际联盟(IUCN)首次提出。

1987年,挪威的政治家格鲁·哈莱姆·布伦特兰女士向联合国大会递交了《我们共同的未来》报告。在报告中,布伦特兰女士提出了全球环境与发展问题的战略——"可持续发展战略"。

联合国于1983年12月成立了由挪威首相布伦特兰夫人为主席的"世界环境与发展委员会",对世界面临的问题及应采取的战略进行研究。1987年,"世界环境与发展委员会"发表了影响全球的题为《我们共同的未来》的报告,它分为"共同的问题""共同的挑战"和"共同的努力"三大部分。在集中分析了全球人口、粮食、物种和遗传资源、能源、工业和人类居住等方面的情况,并系统探讨了人类面临的一系列重大经济、社会和环境问题之后,这份报告鲜明地提出了三个观点:

(1) 环境危机、能源危机和发展危机不能分割;

(2) 地球的资源和能源远不能满足人类发展的需要;

(3) 必须为当代人和下代人的利益改变发展模式。

在此基础上报告提出了"可持续发展"的概念。报告深刻指出,在过去,我们关心的是经济发展对生态环境带来的影响,而现在,我们正迫切地感到生态的压力对经济发展所带来的重大影响。因此,我们需要有一条新的发展道路,这条道路不是一条仅能在若干年内、在若干地方支持人类进步的道路,而是一直到遥远的未来都能支持全球人类进步的道路。这一鲜明、创新的科学观点,把人们从单纯考虑环境保护引导到把环境保护与人类发展切实结合起来,实现了人类有关环境与发展思想的重要飞跃。

(资料来源:https://baike.baidu.com/item/我们共同的未来。)

在《我们共同的未来》报告中,布伦特兰不仅推出了"可持续发展"的概念,还建议举行一次以"可持续发展"为主题的全球峰会。

1992年,峰会在巴西举行。会议也称"地球峰会"。会上,由155个国家联合签订了《联合国气候变化框架公约》《里约宣言》以及《21世纪议程》等重要文件。自此,"可持续发展"概念逐渐成为全球环保和生态的主导理念。布伦特兰也因此被一些媒体称为"可持续发展概念之母"和"地球妈妈"。

面向未来,一个可持续的发展模式至少包含两个层面的意义。一是"发展",它是基于人民对美好生活的向往而提出的;二是"可持续",即"人类的发展和愿望的满足必须限制在不对环境破坏的基础上"。这两层意思既考虑到当代人们的利益需求,又兼顾到子孙后代的需求与发展。这是一种新的发展模式。

布伦特兰的报告特别强调的是,面对"共同的挑战",仅靠一个国家的政策调整或者技术的发展是解决不了可持续发展问题的。因此,为了人类的共同利益,各国协同起来"共同努力"是解决问题的关键。要在平等互利的基础之上,重建"全世界人民共同管理地球的公共资源和生态系统",让世界走向公正、合理、生态与可持续。

但是,可持续发展本身也是一把双刃剑。一方面,人类希望

第一章 马克思主义中国化与红色文化的历史发展

在物质以及文化生活上都能有更快更大的发展；另一方面，也正是由于发展，人类面临的是耗费更多更大的资源（参见表1-1）。

表1-1 耗能的五个阶段

阶 段	时间（年前）	人均耗能（卡/日）
原 始	12 000	2 000
农 耕	12 000—5 000	4—12 000
早期城市	5 000—200	26 000
城市工业	200	50 000
环球依赖	现时	300 000

数据来源：何兴华.可持续论的内在矛盾以及规划理论的困惑[J].城市规划,1997(3).

《我们共同的未来》描述了可持续发展的"经济增长""社会平等""满足人的基本需要""控制人口""保护资源"以及"改善环境"等目标，这是"站在人类整体的高度"而提出的思想。因而在实施过程中，必须考虑到国家和地区之间的不平衡性。尤其是高收入群体以及发达国家应当在可持续发展中承担更大、更多的环境责任、社会责任和未来责任。

2002年，在南非的约翰内斯堡地球峰会上，联合国又通过了《约翰内斯堡可持续发展承诺》和《可持续发展世界首脑会议执行计划》两个重要文件。会议形成了只有将社会持续发展与经济持续发展、生态持续发展等协同起来，才能达到真正的可持续发展的共识（图1-1）。

2012年6月，联合国可持续发展大会——"里约+20"峰会在巴西里约热内卢召开。大会聚焦一份政治文件《我们想要的未来》达成了共识，将人类的可持续发展问题又向前推进了一步。

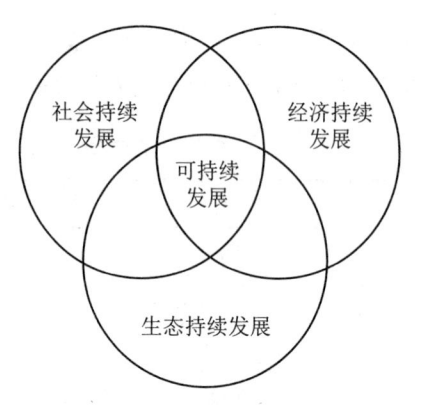

图 1-1　可持续发展图示

(三) 当代价值

马克思的资源环境理论思想形成于 19 世纪。这些理论对于今天的资源环境利用以及生态文明建设具有重要的价值和指导意义。

1. 重新审视人与自然之间的关系

社会生产力的发展与技术的进步,使得人们改造自然的能力增强了。但人与自然之间的矛盾也随之而来。当生存环境恶化,人类可持续性发展的种种挑战日益凸显,重新审视人与自然之间的关系问题就变得越来越重要了。在这一问题上,马克思、恩格斯认为,我们不能割裂地理解人和自然的关系,人和自然和谐相处是根本,任何凌驾于自然之上的观点都是不正确的,也必将会受到自然的惩罚。

人类需要尊重自然、顺应自然、保护自然。对于自然资源的利用,要具有科学的观念、正确的方式以及创新的模式。资源的有限性决定了我们在利用资源时需要提升利用的质量,保护自然界其实也就是保护人类自身,美化自然也就是美化人类的生存环境,我们在做到人与自然和谐的同时也要实现人与人、人与社会的和谐。

2. 树立人与自然相互交融的生命共同体理念

人类需要持续健康地生长生活,需要长久地发展,需要世世代代地繁衍生息下去,那就要在根本上与自然相互交融。必须牢固树立人与自然和谐共生的理念。一方面,人类需要敬畏、尊重和感恩自然;另一方面,还必须统筹最优的生活方式、生产方式,寻求最好的方式保护与反哺自然。

环境是人类赖以生存最为基础的条件,是可持续发展最为重要的基础。可以说,自然界是与人类血脉相连的有机整体,是生命共同体。

地球是人类共同的家园,在国际合作体系中,面对人类共同的环境问题,只有同心协力构建人类命运共同体,共建人与自然交融的家园,才能真正做到互利互惠,合作共赢。

3. 开创生态文明建设的新时代

马克思的资源环境理论思想是我国生态文明建设的行动指南。党的十八大报告明确提出:"保护生态环境必须依靠制度,要把资源消耗、环境损害、生态效益纳入经济社会发展评价体系,建立体现生态文明建设要求的目标体系、考核办法和奖惩机制。"可以说,从制度设计入手,整体考虑资源环境的利用问题,是新时代生态文明建设的鲜明特色。

生态文明建设归根结底是要全面实现社会的绿色发展、循环发展和低碳发展。它需要建立和完善能够真实反映市场的供求关系,并体现生态价值和代际补偿的资源有偿使用制度以及生态补偿制度，充分发挥市场机制在资源配置中的基础性作用，只有这样，才能有效促进资源开发利用的自觉性、有效性，激发人们珍爱自然和保护环境的意识。

生态文明建设与我国的经济、政治、文化和社会建设之间是辩证统一的关系。一方面，生态文明建设可以为其他方面的建设提供良好的生态环境；另一方面，经济、政治、文化和社会方面的建设又为生态文明建设提供了鲜活的动力以及提出了新的要求。因此，我们只有把生态文明的理念、原则、目标等深度融入和全面贯穿到中国特色社会主义建设事业的各方面中去，才能推动并形成人与自然和谐发展的现代化建设新格局，才能实现中华民族伟大复兴、永续发展。

二、红色文化与马克思主义中国化

十月革命给中国送来了马克思列宁主义。在中国革命的实践中，中国共产党将马列主义与我国的国情相结合，形成了中国化的马克思主义。红色文化应运而生并显现出科学性和强大的生命力。红色文化是中国共产党人用鲜血和生命积淀的文化遗产。马克思主义中国化是红色文化最重要的理论基础与思想灵魂。红色文化与马克思主义中国化、时代化、大众化密切相联。

（一）红色文化的概念

红色是共产党人钟情的色彩。早年的马克思曾在被问及"最喜爱的颜色"时，明确回答是"红色"。红色，热情、奔放，传递着一种精神、一种追求、一种信仰,同时它也寄托着革命者的理想和信念。

早在1864年,第一国际就将红色确定为自己标志性的颜色。《国际歌》中"快把那炉火烧得通红"说的即是红色能量的集聚。

在中国共产党领导下,中国人民走过了艰苦卓绝百年奋斗的光辉历程,与红色有着不解之缘。从南湖的红船,到黄安工农群众喊出"苍生济济拥红军",党领导人民实行土地革命,推翻豪绅地主统治,建立工农政权。1928年5月,中国共产党中央委员会召开会议正式决定,全国各地的工农革命军统一定名为红军。

中国革命胜利后,我们从文艺工作者创作、演唱的作品中,也可以探寻到红色文化的印记,如《红岩》《红梅赞》《红旗谱》《红灯记》《红旗飘飘》《红色娘子军》《红星照我去战斗》《太阳最红毛主席最亲》等。

1953年,在《中国劳动》期刊上刊登了傅厉时的一篇文章——《提高俱乐部工作的思想性》,其中写道:"(苏联)工会拥有数千个俱乐部、文化宫、图书馆、电影院和红色文化室,有的人在这些文化机构听演讲、看戏、看电影"。这是可查询到的我国关于"红色文化"一词的最早报道。

红色文化不是红色和文化的简单相加,它有着深刻的思想内涵。概括起来,对红色文化的理解主要包含以下几个方面。

第一,红色文化包含广义和狭义两个层面的意义。广义的红色文化是指在社会主义运动历史进程中,人们在物质和精神方面所达到的程度、所采用的方式以及所取得的成果;狭义的红色文化是指在中国共产党领导下的,中国人民为了实现民族的解放与独立,以及在社会主义建设时期的历史实践过程中所凝结而成的一种观念意识形式。

第二,红色文化是在中国共产党领导下,中国人民在实现中华民族解放的历史进程中,以及在新中国社会主义革命与建设时期,把马克思列宁主义的科学理论作为指导而产生的革命文化。它是对古今中外的先进文化成果的吸收、整合与优化。

第三,红色文化是一种重要的资源,它包含物质和非物质文化。其一,物质资源主要是指遗物、遗址等革命历史的遗存和纪念场所;其二,非物质资源主要指红色的革命精神,如红船精神、井冈山精神、长征精神、延安精神、西柏坡精神等。

第四,红色资源是一个整体性的概念,它是以红色的革命道路、革命文化、革命精神为主线的,是集物态、事件、人物和精神为一体的整体性内容体系。

第五,可以将"红色文化"概括为革命年代中所形成的"人、物、事、魂"。其中的"人"主要是指,在革命战争年代,对革命的进程有着一定影响的革命志士和为革命事业而牺牲的革命烈士;"物"是指革命志士或烈士所使用过的物品,也包括他们生活或战斗过的革命旧址和遗址;"事"是指在历史上有着重大影响的革命活动或历史事件;"魂"则具体体现为革命的精神即红色精神。

第六,综合以上观点,从广义和狭义两个角度理解红色文化的内涵比较有代表性。从文化所包含的边界来看,广义上的红色文化包括在世界社会主义和共产主义运动整个历史进程中形成发展的人类进步文明的总和;狭义上的红色文化特指在中国共产党的领导下,中国人民在进行革命和建设进程中形成发展的,以社会主义和共产主义为指向的,把马克思列宁主义与中国实际相结合,兼收并蓄古今中外的优秀文化成果而形成的文明总和。从文化的具体形态和形式来看,广义的红色文化包括物质文明、精神文明、政治文明、社会文明、生态文明等五位一体的各种文明形态;狭义的红色文化则是特指以"红色"为根本特征的文化形态,它具有鲜明的革命性和先进性相统一、严谨的科学性与实践性相统一、独特的本土化与创新性相统一以及兼收并蓄和与时俱进相统一等基本特征。

中国红色文化有着自身的形成、发展、积淀、丰富、创新的特点。在时间上,它包括在中国共产党领导下进行的新民主主义革命时期、社会主义革命和建设时期、建设中国特色社会主义等各个历史时期,也包括直到共产主义最终实现的整个历史进程。

(二) 红色文化与中华优秀传统文化

文化是一个国家、一个民族的灵魂。它伴随着人类社会实践的发展而发展。中华民族从早期社会的农耕生产实践,到近代的革命实践,再到中华人民共和国成立以来的社会主义建设与改革的伟大实践,在不同的历史阶段,其主要文化形态有所不同,但是在文化的精神实质上却一脉相承。

中华传统文化是中华民族历史上的道德传承与智慧结晶,是各种文化思想、传统美德以及精神观念形态的总体。两千多年以前的《礼记·礼运》中就有关于大同社会的描写:"大道之行也,天下为公,选贤与能,讲信修睦。故人不独亲其亲,不独子其子……是故谋闭而不兴,盗窃乱贼而不作。故外户而不闭,是谓大同。"这是中国古代哲人对人类社会美好图景的最早描绘。

以儒、释、道等为典型的中华文化，思想深邃圆融，内容广博，堪称典范。儒家文化的核心为"仁"，仁者爱人；释学文化的核心可以概括为"慈悲、大爱"，"诸恶莫作，众善奉行"；道家文化强调"师法自然"。中国传统文化的精华与糟粕并存，其中的精华部分就是优秀传统文化。

中华优秀传统文化是中华民族的基因和精神血脉，也是中华文化的根和源，特别是崇仁爱、重民本、守诚信、讲辩证、尚和合、求大同等思想理念和自强不息、敬业乐群、扶正扬善、扶危济困、见义勇为、孝老爱亲等传统美德，体现着中华民族世世代代在生产生活中形成和传承的世界观、人生观、价值观，塑造和培育着中华民族的思维方式和行为方式。

晚清时代，龚自珍提出："一祖之法无不敝，千夫之议无不靡，与其赠来者以劲改革，孰若自改革？"魏源在1841年开始编纂的《海国图志》中提出"师夷长技以制夷"，表达了中华民族抗击侵略、救亡图强的愿望。这些思想可以说是进步的知识分子胸怀远大志向，运用辩证的思维在历史剧变时期审慎地在思考国家和民族的前途命运。

在中华民族文化的血脉里，红色代表权威、勇气、吉祥与喜庆。红色文化是在中国共产党带领中国人民进行伟大斗争中培育和创造出来的思想理论、精神品格、价值追求。它是中国人民民族气节与英雄气概的体现，也是中华民族生生不息、发展壮大的丰厚滋养。红色文化是中华民族的优良传统延续，它融合了马克思主义经典理论，对中华优秀传统文化进行了再生再造和凝聚升华，并在革命实践中得到熔铸。

第一章　马克思主义中国化与红色文化的历史发展

1949年9月16日毛泽东同志为新华社写了一篇评论——《唯心历史观的破产》，文中指出："自从中国人学会了马克思列宁主义以后，中国人在精神上就由被动转入主动。从这时起，近代世界历史上那种看不起中国人，看不起中国文化的时代应当完结了。"红色文化的形成和发展始终是在马克思主义的指导下实现的，其中蕴含着马克思主义中国化的丰富内容。从马克思主义传入中国的第一天起，马克思主义与中华传统文化的关系就成为一个不可回避的重大现实问题。在中国的实践中，马克思主义理论要真正起到指导作用，必须与中华优秀传统文化相结合。

从《尚书·五子之歌》中的"民惟邦本"到中国共产党的"全心全意为人民服务"宗旨，从孟子的名言"威武不能屈"到无产阶级革命家"大无畏的革命英雄主义"，从张载所说的"为万世开太平"到共产党人的"革命理想高于天"，从"格物致知"到"实事求是"，再从"自强不息"到"自力更生，艰苦奋斗"，等等，红色文化将中国历史文化中的红色寓意与近代以来中国社会历史实践的思想有机整合。中华优秀传统文化在革命斗争中传承。

（三）马克思主义中国化、时代化、大众化

作为一种科学的思想体系，马克思主义是人类思想史上最重要的科学认识成果之一。马克思主义的思想体系博大精深，为中国的社会实践提供了科学理论的指导。不过，马克思主义没有也不可能为不同国家实践中的各种具体问题提供现成答案。因而运用马克思主义理论指导实践，不能教条主义地生搬硬套，要从具体的实际出发，把马克思主义的立场、观点、方法活学活用,不断研究和探索新的问题,并最终得出适合我们自己的结论。

回顾历史,中国共产党将马克思主义与中国的具体实际相结合,揭开了中国革命的崭新一幕。从一定意义上来说,我们党领导中国人民进行革命、社会主义建设以及改革开放的实践过程,也是不断深入探索马克思主义中国化、时代化、大众化的进程。今天,我们站在一个新的历史起点上,探讨这一科学理论问题,也是与时俱进发展马克思主义理论品格的必然要求。

1. 马克思主义中国化

马克思主义中国化,概括地说,就是将马克思主义的基本原理与中国革命以及建设的实际情况相结合,从而得出适合中国国情的社会主义革命和建设道路。

早期马克思主义者李大钊、李达等,在反驳各种反对者的声音时,在理论上探索了马克思主义与中国实际之间的关联以及两者相结合的可能性,这实际上就是拉开了马克思主义中国化的序幕。

不过,"马克思主义中国化"这个概念是毛泽东首先明确提出的。1938年10月,毛泽东在中国共产党第六届中央委员会第六次全体会议的政治报告《论新阶段》中指出:"没有抽象的马克思主义,只有具体的马克思主义。所谓具体的马克思主义,就是通过民族形式的马克思主义,就是把马克思主义应用到中国具体环境的具体斗争中去,而不是抽象地应用它。离开中国特点来谈马克思主义,只是抽象的空洞的马克思主义。因此,马克思主义的中国化,使之在每一表现中带着必须有的中国的特性,即是说,按照中国的特点去应用它,成为全党亟待解决的问题。"

马克思主义中国化是毛泽东在总结实践经验的基础上,对理论和实践关系长期思考和探索的结果,是马克思主义与中国实际相结合的第一次伟大的历史性飞跃。毛泽东强调:"必须将马克思主义的普遍真理和中国革命的具体实践完全地恰当地统一起来,……决不能主观地公式地运用它。"

在第一、第二次国内革命战争时期,中国共产党经历过胜利也经历过失败。但是,能够把马克思主义的革命学说与中国实际相结合,是中国共产党的创造,也是从中国的实际出发,灵活运用马克思主义的结果。党创建了中国工农红军,创建农村革命根据地和工农政府,实行工农武装割据,在极其艰苦的条件下,展开革命斗争。遵义会议确立了毛泽东在全党的领导地位,党开始从理论上系统地总结中国革命的历史经验。

经过了延安整风运动之后,马克思主义中国化的思想逐渐成为全党的共识。在中共七大通过的《中国共产党章程》总纲中,确定了以马克思列宁主义的理论与中国革命的实践相结合的思想——毛泽东思想,作为我们党一切工作的指针。毛泽东思想,是马克思主义中国化的第一个重大理论成果,即"中国化的马克思主义"。因为马克思的整个世界观不是教义,而只是方法,所以马克思主义中国化不仅是解决中国问题的需要,也是马克思主义理论的内在要求。

从历史进程上来说,毛泽东思想的确立,是第一次实现了马克思主义的中国化。在毛泽东思想的指引下,党领导人民取得了新民主主义革命的胜利,建立了中华人民共和国并且初步探索了社会主义建设的正确道路。

1978年党的十一届三中全会以来,党在积极探索"什么是社会主义、怎样建设社会主义"等基本理论问题过程中,逐步形成了具有中国特色的社会主义的正确路线、方针、政策,创立了邓小平理论,推进了马克思主义的中国化历程。

以江泽民为主要代表的中国共产党人,提出"三个代表"重要思想;以胡锦涛为总书记的党中央提出"科学发展观"等重大战略思想。党的指导思想的与时俱进,持续推进着马克思主义中国化的发展进程。

党的十八大以来,中国特色社会主义进入新时代,以习近平同志为主要代表的中国共产党人,从理论和实践的结合上解答了新时代中国特色社会主义道路应该怎样坚持和发展的问题,中华民族迎来了从站起来、富起来到强起来的伟大飞跃,创立了习近平新时代中国特色社会主义思想。这是对马克思列宁主义、毛泽东思想、邓小平理论、"三个代表"重要思想以及科学发展观的继承与发展,是马克思主义中国化的最鲜活表现。

2. 马克思主义时代化

时代是变动着的历史和变动着的世界。时代问题是对人类社会发展一定时期内重大问题的高度概括,是对历史该时期、时代的重要特征以及发展趋势的揭示和反映。马克思、恩格斯在对人类社会的认识基础上,科学地揭示了时代的思想内涵,提出了马克思主义的时代观。

时代性也是马克思主义的本质属性之一。马克思、恩格斯曾说过:"一切划时代的体系的真正的内容都是由于产生这些体系的那个时期的需要而形成起来的。"

从广义上来说,马克思主义时代化,是指要与时俱进,把马克思主义基本原理与时代特征结合起来,使其紧跟时代步伐,并且不断吸收新的时代内容、科学地回答时代所提出的课题。从

第一章 马克思主义中国化与红色文化的历史发展

狭义上来说,马克思主义时代化,特指将马克思主义的理论思想与中国国情相结合,在现时代的背景下,从理论和实践上能正确回答和应对当代中国与世界、现实与未来等的一系列重大理论和实践问题,并且不断彰显中国化马克思主义的世界意义的历史进程。

马克思主义时代化在内涵上主要包括:马克思主义基本理论解读的时代化、理论创新的时代化以及理论指导实践的时代化。它既包括内容和形式的时代化,也包括语言和话语体系的时代化。同时,马克思主义时代化又是一个动态发展过程,它有两个关键词,即"坚持"和"发展"。马克思主义时代化中的"化"是指发展程度以及人民群众理论掌握的实际效度。

马克思主义时代化,要求能准确把握时代主题,积极回应时代的挑战,不断创造马克思主义理论的新发展,要能够用富有时代气息的鲜活语言,用适合现代社会的表达方式,更好地阐明对当今世界经济、政治、文化、社会等重大问题的主张和看法。

2009年9月18日,中国共产党第十七届中央委员会第四次全体会议通过了《中共中央关于加强和改进新形势下党的建设若干重大问题的决定》。决定鲜明地提出了马克思主义时代化的重大课题,明确指出马克思主义时代化是马克思主义生命力的关键所在,也是无产阶级政党的使命追求。

当今世界,正面临百年未有之大变局,人类社会遇到诸多的新矛盾、新挑战,这给马克思主义理论研究提出了新课题,我们只有聆听时代的声音,回应时代的呼唤,关注当代实践中提出的新问题,努力推进马克思主义的时代化,发展21世纪的马克思主义,才能推动中国特色社会主义事业的不断发展。

3. 马克思主义大众化

马克思在《思想如何变成物质的力量?》中说过:"理论一经掌握群众,就会变成物质的力量。理论只要能说服人,就能掌握群众;而理论只要彻底,就能说服人。所谓彻底,就是抓住事物的本质。"在这里,马克思深刻地揭示了"理论转化为物质力量"的思想,阐明了理论转化为现实的最核心观点——理论要与群众相结合。

马克思主义中国化、时代化、大众化是有机统一的。马克思主义要为人民群众所掌握,首先要做的就是要使理论大众化。毛泽东特别强调好的思想一定要让人民群众掌握才能真正起作用,指出:"让哲学从哲学家的课堂上和书本里解放出来,变为群众手里的尖锐武器。"毛泽东曾多次倡导并积极参与马克思主义的大众化活动。

20世纪30年代,著名的马克思主义哲学家、教育家和革命家艾思奇从理论研究和传播的角度写出了《大众哲学》一书。艾思奇用通俗活泼的大众化语言阐述了马克思主义哲学,开启了中国现代史上马克思主义哲学通俗化、大众化的先河。毛泽东不仅自己阅读这本书,还给在苏联留学的毛岸英寄去一本,要他认真阅读,好好领会这本书的思想精髓。

《在延安文艺座谈会上的讲话》中,毛泽东特别强调要向群众学习,要认真学习群众的语言,要能运用老百姓易于理解接受的语言来阐述马克思主义的深刻道理。只有这样,马克思主义教育才能真正受到群众欢迎,收到预期教育效果。毛泽东积极倡导并身体力行,写下了《矛盾论》《实践论》《改造我们的学习》等一系列光辉著作,为马克思主义大众化开辟了广阔道路,积累了宝贵经验。

当代中国,推进马克思主义大众化,最重要的是要推进包括邓小平理论、"三个代表"重要思想以及科学发展观等重大战略思想在内的中国特色社会主义理论体系大众化。要让党的创新理论通俗易懂,接地气,贴近实际、贴近生活、贴近群众,能更好地服务人民群众。

党的十八大以来,习近平新时代中国特色社会主义思想不仅系统而深刻地回答了新时代关系党和国家事业发展和人民群众根本利益的一系列重大理论和实践问题,提出了一系列具有开创性的新理念新思想新战略,而且还构建了人民群众喜闻乐见的话语体系,为当代中国马克思主义大众化开辟了新的境界,谱写了新的篇章。

例如,习近平总书记以"鞋子合不合脚,自己穿了才知道"来告诉我们制度一定要适合国情,以"绿水青山就是金山银山"向人民大众阐明了生态文明建设的重要性等,这些深入人心的形象话语,正是马克思主义大众化的典范。大众化不仅要求马克思主义在内容上要通俗化,在传播上、形式上也要实现多样化。在全媒体时代,还需要综合运用慕课、微信、App等多元传播手段,构建起全媒体传播大格局。要能够让马克思主义和马克思主义中国化理论飞入寻常百姓家。

综上所述,马克思主义中国化、时代化、大众化是一个密切联系的有机整体。如果马克思主义不中国化,就不可能符合中国的实际和人民的需求,也不可能真正实现时代化和大众化;如果马克思主义不时代化,也就不能反映时代特征,就难以解决中国社会的现实问题;如果马克思主义不大众化,那么马克思主义中国化、时代化也就发挥不了作用,就会失去意义。因此,推进马克思主义中国化、时代化、大众化,必须"三化"统筹、整体推进。

三、建党百年的红色文化建设

百年以来,中国共产党领导人民群众为了中华民族的解放与复兴,筚路蓝缕,艰苦奋斗,在进行革命、建设和改革的实践中,形成了红色文化的理论、经验和精神。红色文化建设具有独特的社会功能,其基本经验对我们坚定文化自信、提升国家认同感以及培育时代新人、提升国家文化软实力、实现中华民族的伟大复兴等都具有重要的实践价值。

(一)建党百年红色文化建设历程

红色文化的历史源头是中国共产党的成立,从百年历史演进来看,可以将红色文化概括为四个时期,即建党后至抗日战争爆发前的发端时期(1921—1931)、抗日战争和解放战争期间的形成时期(1931—1949)、中华人民共和国成立后的发展时期(1949—1978)以及改革开放后的繁荣时期(1978至今)。

1. 中国共产党红色文化的发端(1921—1931)

从中国共产党成立到抗日战争爆发之前,中国共产党红色文化萌芽,是红色文化前期的发端。

建党初期,中国共产党开始了艰辛的探索历程。一方面积极宣传马克思主义,并扩大其影响;另一方面,积极组织领导工

第一章 马克思主义中国化与红色文化的历史发展

人运动。以陈独秀、李大钊为代表的先进知识分子通过集会讲演、开办工人夜校等方式广泛传播马克思主义。在工农运动中涌现出如邓中夏、林祥谦、彭湃等红色的先进典范。

当时的报刊是宣传马克思主义的重要阵地。其中,《先驱》《向导》等宣传红色文化的报刊影响较大。1922年1月,《先驱》的发刊词提出,当前的第一要务就是要研究中国的客观实际,要根据实际情形去寻求一个最合适的解决中国问题的方案。这标志着中国共产党独立自主创建红色文化的发端。这一时期,毛泽东的《中国社会各阶级的分析》(1925)、《湖南农民运动考察报告》(1927)等是红色文献的代表。

大革命后,中国共产党人没有被白色恐怖吓倒,南昌起义打响了武装反抗国民党反动派的第一枪,党独立创建了自己的军队。秋收起义、广州起义后,中国共产党进行了尝试工农武装割据的新的探索。1927年,苏维埃红色政权建立,党建立了红军、开辟"红区"。工农武装割据的思想深入人心,红色文化完成从萌芽到正式发端的转变。在苏区,中国共产党十分重视文化建设,构建了红色文化体系,如建立俱乐部、列宁室和赤色图书馆,组建戏剧社团、创作红色戏剧剧目,创办《红色中华》《前进报》等各类报纸,在民众教育、文化娱乐以及革命精神与革命理想信念的教育传播等方面,都形成了崭新文化的风格、气象,丰富多样的红色文化深得人心。

这一时期,在井冈山、古田、瑞金的中央苏区以及广州和武汉的农民运动讲习所等地,都留下了标志着中国共产党的革命思想、革命道路、革命理论等关键节点的物质文化。在红色文献中,《中国的红色政权为什么能够存在?》《井冈山的斗争》《星星

25

之火,可以燎原》等是中国化马克思主义理论的奠基之作,成为此时期马克思主义与中国实际结合的最重要理论成果,同时它也标志着中国共产党领导的农村包围城市,武装夺取政权的革命道路理论正式诞生。《暴动歌》《十二个月革命歌》等红色歌谣,带着苏区革命文化的气味,它们也是这个时期红色文化不可缺少的部分。

2. 中国共产党红色文化的形成(1931—1949)

1931年九一八事变后,日军强占了整个东北三省。中国共产党率先发表一系列宣言,号召广大民众抗击日本侵略者,中国人民的局部抗战揭开了世界反法西斯战争的序幕。在抗日战争与解放战争时期,以毛泽东为代表的中国共产党人的文化观基本形成,马克思主义的中国化有了长足的发展,这也标志着中国共产党红色文化的正式形成。

抗战初期,国内阶级关系发生了重大变化,全国形成了抗日反蒋的高潮,共产党人浴血奋战,五次反"围剿",最后被迫长征。红军长征创造了可歌可泣的战争史诗,铸就了伟大的长征精神。长征精神是为了救国救民,不怕任何艰难险阻,不惜付出一切牺牲的精神;是把全国人民和中华民族的根本利益看得高于一切,坚定革命的理想和信念,坚信正义事业必然胜利的精神。它是井冈山精神的接续。

1935年召开的遵义会议,是中国共产党人真正独立自主地运用马克思列宁主义基本原理来解决中国革命的路线、方针和政策方面问题所召开的一次会议,这次会议确立了毛泽东在红军和党中央的领导地位。遵义会议也是中国共产党和中国工农红军历史上一个伟大的转折点。

第一章 马克思主义中国化与红色文化的历史发展

抗日战争时期,红色文化的主要表现形态是阶级立场与民族立场相结合的抗战文化。如刘志丹、谢子长、习仲勋等陕西共产党人,不怕牺牲、顽强拼搏,独立自主、开拓进取,在创建西北革命根据地过程中所形成的照金精神以及立党为公、顾全大局、求实开拓、敢为人先的南梁精神等。

延安时期,毛泽东发表了《新民主主义论》和《在延安文艺座谈会上的讲话》,指出新民主主义文化是中华民族的新文化,是民族的、科学的、大众的文化,这为党的红色文化建设明确了基本方针和正确途径。党和边区政府在延安大力发展教育和文化事业。如设立抗日军政大学、马列学院、陕北公学等,为抗日救国造就了中坚力量;创办《新华日报》、《群众》周刊等报刊,进行抗日宣传,激发了根据地军民的爱国主义热情。

这一时期,红色文化的各种特质都在革命实践中得到充分的展现。中国共产党高举"为人民服务"的旗帜,提出"自己动手,丰衣足食"口号,广泛开展了延安大生产运动,将自力更生、艰苦奋斗的精神发扬光大。延安精神是红色文化形成的标志。延安精神可以概括为:坚定正确的政治方向,解放思想、实事求是的思想路线,全心全意为人民服务的根本宗旨,自力更生、艰苦奋斗的创业精神。在延安精神中,南泥湾精神、抗大精神、白求恩精神、张思德精神、太行精神、延安整风精神等都是不可分割的组成部分。

在当时,红岩精神、东北抗联精神等红色精神文化也有很大影响。红色文化的形态如红色革命歌谣、红色小说、红色诗歌、抗日军政大学、抗日根据地文艺社团等红色抗战文化内涵丰富,是民族精神和爱国精神的集中体现,极大地鼓舞了各族人民的抗战与爱国热情。

1946年6月,国民党撕毁《双十协定》,解放战争全面爆发。中国共产党领导全国各族人民自卫反击,彻底粉碎了国民党的进攻,经过三大战役,终于取得了解放战争的胜利并建立中华人民共和国。

解放区的文化是人民大众的文化,在此期间所形成的红色文化带有反对专制的民主精神、力求和平的团结精神、斗争到底的革命精神等色彩,如沂蒙精神、大别山精神等。其中,以中国共产党七届二中全会为标志所形成的西柏坡精神,同井冈山精神、延安精神一样,是中国共产党的宝贵精神财富。西柏坡精神为中国共产党红色文化由抗战文化向解放区新文化及社会主义文化转换提供了理论依据。其核心是将革命进行到底;执政党要坚持以经济建设为中心;坚持两个"务必",保持党的优良传统和作风;团结高效,加强党的集中统一。这一时期的红色文化已经有了从"战争-革命"到"革命-建设"的转向。

3. 中国共产党红色文化的发展(1949—1978)

中华人民共和国成立初期,红色文化延续了革命性的基本特点,但也有新的变化。在红色文化建设与发展中,通过出版、学习马克思、恩格斯等的经典著作以及毛泽东的《矛盾论》《实践论》,更加明确了马克思主义、毛泽东思想在文化领域的主导作用。这一时期,红色物质文化在表现形态方面主要有革命烈士纪念园、陵园、领袖人物故居等。红色精神文化的典型形态主要有抗美援朝精神、北大荒精神等。红色文艺作品如《白毛女》《铁道游击队》《中国人民志愿军战歌》等运用丰富的艺术手段重塑了革命年代的场景,表现了革命英雄们的战斗精神。

第一章　马克思主义中国化与红色文化的历史发展

1956年底,我国基本上完成了对农业、手工业和资本主义工商业的三大社会主义改造。这标志着社会主义公有制形成并在我国国民经济中占据了主导地位。从此,社会主义制度在我国基本建立起来,我国开始进入社会主义的初级阶段。社会主义建设和阶级斗争主题是这一阶段红色文化发展的主线。

1956年9月,中共八大确定了"百花齐放,百家争鸣"的方针和"古为今用,洋为中用"的原则,对推动文化事业的繁荣发展起到积极作用。这个时期涌现出了如《红岩》《红旗谱》《红日》《上甘岭》《董存瑞》《中华儿女》《平原游击队》《铁道游击队》《红色娘子军》和《柳堡的故事》等形式多样的红色题材文艺作品,极大地丰富了人民群众的文化生活。在社会主义建设大潮中,形成了大寨精神、大庆精神、红旗渠精神、塞罕坝精神,产生了雷锋精神、铁人精神、焦裕禄精神等。它们共同构成凝聚人心、催人奋进的主流文化形态。

这一时期,红色物质文化建设也受到一定的重视。中国共产党第一次全国代表大会会址、韶山冲毛主席旧居、"八一"南昌起义指挥部旧址、井冈山革命遗址、遵义会议会址以及延安革命遗址等被国务院列为第一批全国重点文物保护单位,对建设和弘扬红色文化起到了重要作用。

"文革"时期,在极左思想的影响下,红色革命样板戏如《沙家浜》《红灯记》《智取威虎山》等,在那个特殊的年代,也曾一度流行。从红色文化思想的弘扬与京剧艺术的结合来说,虽然有一定的进步意义,但也难免存在僵化与呆板之处。

4. 中国共产党红色文化的繁荣(1978至今)

1978年,一场关于真理标准问题的大讨论,使得实事求是的马克思主义思想路线重新确立,实现了思想的解放、文化的复苏。

党的十一届三中全会后,党中央根据新的形势和任务确定了"文艺为人民服务、为社会主义服务"的"二为"方向以及"两个文明一起抓"的社会主义文化建设方针,文艺事业展现出了十分广阔的前景,弘扬主旋律的红色文化得到进一步发展。改革开放精神、女排精神和抗洪精神等成为时代精神,红色文化的时代感、亲和力和感染力也更加突出。

21世纪之初,以红色旅游为抓手的红色文化在形式和内涵上不断创新,红色节庆、红色文艺演出以及红色文化产品等不断涌现。我们从《2004—2010年全国红色旅游发展规划纲要》中不难发现,党中央高度重视红色文化建设与发展。这一时期,红色文化的主要表现形式是红色精神,如抗击"非典"精神、载人航天精神、抗震救灾精神、奥运精神等。同时,这个阶段也加大了对红色文化遗产的保护、修复和利用,一大批革命遗迹遗址、红色文物被发掘利用起来,如黄冈红色遗址遗迹、雅安红色文化遗产等的保护与利用。

2012年,党的十八大胜利召开。红色文化建设守正创新,紧紧围绕"两个一百年"奋斗目标和实现中华民族伟大复兴的中国梦展开,进入了的新阶段。

进入新时代后,习近平总书记发表过一系列关于传承弘扬红色文化、红色基因、红色传统的重要论述,强调要"把红色资源利用好、把红色传统发扬好、把红色基因传承好",要"让红色基因代代相传",要"使我们的红色江山永远不变色"。在党的十九大报告中又明确指出:中国特色社会主义文化根植于中国特色社会主义的伟大实践,是由中华优秀传统文化、革命文化和社会主义先进文化组成的。

在新时代红色精神文化的创新实践中,对劳模精神、抗疫精神等红色精神的全新阐述和概括,使得这些精神文化成果内涵更为丰富和充实,与人民群众的联系和结合更为紧密,并且充满时代感,实现了党性和人民性的高度统一。这一时期,红色物质文化形态也不断出现,如浓缩改革开放故事的中国改革开放蛇口博物馆,纪念"两路"精神而建的"两路"精神纪念馆,作为抗疫精神和中国速度体现的火神山、雷神山医院等。总之,这些形式多样的文化发展形态,使中国共产党红色文化的内容更加丰富、体系更加健全、脉络更加清晰。

2018年6月,中央军委印发了《传承红色基因实施纲要》。这份纲要明确了传承红色基因的指导思想、基本原则、着力重点和主要工作,要求开展党史军史宣传教育、加强存史编史研史、开展重要纪念活动、建好用好军史场馆、开发红色革命文化,让红色基因永葆活力、彰显威力。这份纲要也是新时代我们传承红色基因、弘扬红色文化的重要指导性文件。

新时代关于红色文化的研究也逐渐多起来。就国内的研究而言,对红色文化的综合性研究,主要有刘琨的《红色文化研究》,邓显超、邓海霞的《十年来国内红色文化概念研究述评》等。对红色文化价值与功能的研究,主要有韩延明的《红色文化与社会主义核心价值体系建设研究》、陈世润的《中国特色社会主义道路与红色资源开发利用研究》等。关于红色文化形成与发展的研究,主要有刘红梅的《红色旅游与红色文化传承研究》、刘润为的《红色文化与中国梦》以及王升斌的《红色文化的历史演进》

等。这些研究对红色文化的概念特点、理论基础、主要内容、功能价值以及历史发展等都有涉及,但总的来说还处于探索阶段,有关红色文化的研究仍存在较大的学术空间。

红色文化是一个历史范畴,具有动态性和时代性特征。在不同的建设时期,其主要内容与表现形态各有侧重,但"红色基因"传承始终展现了对中华优秀传统文化实事求是、自强不息等思想精髓的继承和延续,展现了对马克思主义理论的弘扬传承和时代创新。新时代中国共产党红色文化的传承创新离不开对其百年演进历史的认识和借鉴,只有在对其历史的深入思考中汲取智慧,才能使红色文化在新的发展中绽放出新光彩。

(二) 红色精神文化的社会功能

红色文化蕴含着革命精神和理想信念,它不仅代表了中国先进文化的前进方向、代表了人的高尚思想境界、代表了人的自由全面发展,而且能够满足人民追求美好生活的精神需要,对人们的心理、思维、情感和价值观等都有积极的导向价值和功能。

从红色文化的研究内容、范畴和体系建构来说,可以将红色文化分为红色物质文化、红色精神文化以及红色制度文化等几个方面来进行研究。

红色物质文化是红色文化的物化表达,红色制度文化是红色制度沉淀于人们内心转化而成的文化形态,而红色精神文化则是红色文化中深层次的、价值观层面内容的高度凝练,它表达的是红色文化主体的精神状态和风貌。红色精神文化体现的是在新民主主义革命、社会主义革命和建设与改革开放过程中所形成的红色精神。红色精神文化是中国共产党红色文化的灵魂,如果没有红色精神,那么文化就会失去凝聚力和生命力。这里,我们着重就红色精神文化来探讨其社会功能。

1. 政治功能

红色精神文化的政治功能主要是从红色精神文化对中国共产党的执政理念、行为信仰等的影响上来说的。红色精神文化可以培育人民群众的政治认同感、塑造崇高的道德情操与思想境界、坚定马克思主义信仰。

红色精神文化是近代中华民族在救亡图存和实现民族复兴奋斗历程中所形成的精神和思想,它是中华民族共同的政治、历史与情感记忆,具有广泛的价值认同基础,也是提升国家政治认同的重要精神资源。

红色精神文化蕴含着共产党人为人民谋幸福、为民族谋复兴的理想信念,它是共产党人爱国为民、无私无畏、担当奉献的价值体现,是共产党人勇于革命、敢于牺牲、百折不挠的精神升华,这种精神可以塑造社会主义社会公民崇高的道德情操和思想境界。

红色精神文化是共产党人在实现革命理想的实践过程中逐步形成的,是共产党人崇高理想的生动展现。弘扬红色精神文化有助于坚定马克思主义的信仰,坚定理想信念。中国人民有了坚定的社会主义信仰,才能在中国特色社会主义建设的道路上达成广泛的共识,最终实现中华民族伟大复兴。

2. 文化功能

红色精神文化的文化功能是指红色精神对文化的发展、进步与繁荣具有积极的促进作用以及核心引领性,主要表现在红色精神文化能够重塑社会的价值体系、有利于优秀传统文化的传承以及增加全民族的文化自信等方面。

当今世界,文化呈现出多样化的态势,在意识形态多元化的复杂背景下,需要从加强红色文化的理论创新以及宣传教育等方面来保持党对意识形态的引领。红色精神文化是凝聚民族智慧和价值理念的精神食粮,它扎根于人民群众的社会生活之中,以红色精神文化为主体的中国特色社会主义的价值体系,激励人民奋发向上、积极有为。

红色精神文化充满着中华民族的智慧,它植根于优秀的传统文化,形成于新民主主义革命以及社会主义革命和建设时期,它以马克思主义思想为指导,集中体现了中国共产党和广大人民群众的思想意识、心理品格和精神风貌。作为一种新型文化样态,它有利于文化的传承。

习近平总书记在十九大报告中指出:"文化自信是一个国家、一个民族发展中更基本、更深沉、更持久的力量。"红色精神文化给中华传统文化注入新的时代内涵,是民族精神和时代精神的生动体现。传承红色精神文化有助于提升中国特色社会主义文化自信。

3. 教育功能

红色文化在培养社会主义现代化建设所需要的时代新人方面具有得天独厚的优势。进行红色精神文化的教育,能够激励人民对中国特色社会主义的自觉情感认同,增进人民的家国情怀,使其养成积极乐观的革命精神和时代精神。红色精神文化是对党员进行党性教育的历史教科书,也是对青少年进行思想政治教育的生动教材。开展红色精神文化教育是进行社会主义核心价值观教育的重要途径。

第一章 马克思主义中国化与红色文化的历史发展

永葆革命本色,不忘初心、牢记使命,是党性教育的根本。红色文化是党的主导文化。传承红色基因,弘扬红色精神,增强党员爱党、爱国情感,自觉升华党员崇高的精神境界,激扬价值追求,这也是党性教育的永久课题。

红色精神文化是思想政治教育的重要源泉,它有着独特的育人功能。英雄模范人物的精神具有感召作用。可以说,每一处革命遗迹、每一件珍贵文物、每一种红色精神都折射着革命先辈崇高理想、坚定信念、爱国情操的光芒。用这些鲜活的文化精神教育青少年,传达老一辈革命家用他们的热血表达出的对祖国深厚的爱,能够激起广大青少年热爱祖国的情感,他们的人生目标就会更加明确,人生信念就更坚定。红色精神文化的感召力是单靠说教所不可比拟的。

红色文化精神具有提升人们文化素养的教育功能,它不仅能使人民感受到精神之美、英雄之气,而且还能够陶冶身心,愉悦精神。在思想政治教育中,要能够寓教于乐,做到润物细无声。如让青少年在红色实践、红色之旅中,深入实地去感悟那烽火连天斗争岁月的艰辛,体会今天幸福生活的来之不易,从而更加主动地、真诚地接受红色精神文化的洗礼和理想信念的教育。

4. 历史功能

红色精神文化资源承载着革命先烈和先辈彪炳史册的历史功绩,是国家民族历史的重要组成部分。

第一,红色精神文化见证了"没有共产党就没有新中国"的历史。近代的中国,国家贫弱,人民饱受磨难。为拯救国家和人民,无数革命者进行了长期的探索和斗争,流血牺牲,但都无法改变中国人民的悲惨命运。中国共产党勇敢地担负起历史的重任,为中华民族的独立解放,为中国人民的平等自由进行了艰苦卓绝的不懈努力并付出了重大牺牲。

第二,红色精神文化也验证了"只有社会主义才能救中国"的真谛。中华人民共和国成立后,社会主义制度建立,真正实现了中国历史上最广泛最深刻的社会变革。邓小平曾指出:"如果不搞社会主义,而走资本主义道路,中国的混乱状态就不能结束,贫困落后的状态就不能改变。"中国共产党人在建设社会主义的实践中进行了艰辛的探索,取得了巨大成就,使中国的社会主义呈现出勃勃生机。

第三,弘扬红色精神文化有利于巩固党的执政地位,可以增强中国共产党的历史自觉和历史担当。中国共产党的执政地位是历史和人民赋予的。传承红色文化,解读革命历史,有利于帮助人们了解共产党执政地位的来之不易,有利于巩固党的执政地位。例如,在清明祭扫先烈、"七一"在党旗下入党宣誓以及在烈士纪念日等时刻,面对这些红色精神文化,能够感受历史的温度,触摸历史的印记,对祖国的敬意与对社会主义建设的责任感、使命感油然而生。

(三) 红色文化建设的基本经验

中国共产党百年风雨兼程,团结带领人民进行红色文化建设,是一部艰苦的创业史,积累了具有中国风格和时代特色的宝贵历史经验。

1. 坚持马克思主义为指导的原则

坚持马克思主义理论与实践的指导,是中国共产党百年红色文化建设的重要经验。马克思主义是在实践中产生并且经过实践检验的客观真理,它为红色文化生成提供了科学的世界观和方法论指导。

人民性是马克思主义最鲜明的品格,群众观点是唯物史观的根本观点。始终同人民在一起,为人民利益而奋斗,是马克思主义政党同其他政党的根本区别。中国共产党自成立起,就确立了以人民为中心的立场,作为中国共产党领导中国人民在革命、建设和改革实践过程中自觉发展起来的文化形态,红色文化实际上代表的是中国最广大人民群众的根本利益。党始终坚持人民群众是历史创造者的理念,始终把"密切联系群众"的优良作风贯穿在红色文化建设的全过程。

马克思主义是与时俱进的理论。百年以来,党在各个历史时期,总是根据时代发展需要创新红色文化理论与实践,这是坚持以马克思主义指导文化建设的重要标志,也是文化生命力延续的内在要求。

新民主主义革命时期,党的红色文化建设主要体现为马克思主义指导下革命文化的建设。社会主义革命和建设时期,中国化的马克思主义——毛泽东思想为红色文化的接续发展奠定了思想基础。改革开放以来,红色文化建设在中国特色社会主义理论体系,特别是习近平新时代中国特色社会主义思想的指导下实现了守正创新,在实现中华民族伟大复兴的征程中发挥着资政育人、筑牢文化自信、助力文化强国建设的时代价值。

要坚持运用马克思主义指导红色文化建设,运用红色文化武装人民群众的头脑,坚决同一切反马克思主义的错误思潮争夺思想阵地。

2. 坚持党的领导是根本保障

中国共产党百年红色文化建设经验证明，坚持党的领导是红色文化建设的最根本保障，历史证明，如若缺乏或脱离党的领导，党的红色文化建设是无法稳步运行的。回溯红色文化百年建设历程，坚持党的领导毫不动摇是红色文化在不同的历史场域中落地生根的成功经验。

首先，中国共产党为红色文化建设提供了正确的方向指引。红色文化与中国共产党相伴而生，是随着中国共产党的成立而逐步形成和发展起来的。党从成立之日起，就一直践行"为中国人民谋幸福，为中华民族谋复兴"的使命，而红色文化作为无产阶级的政治文化，它的最终追求也是实现人的自由和解放。此外，红色文化的建设是一个动态的过程，这就需要党在实践过程中不断调整其发展方向，从而使红色文化建设能够与历史主题相适应。百年来，党始终把文化发展摆在重要位置，紧扣不同历史时期的中心任务，制定文化发展的不同方针政策，并且对出现的问题及时予以修正，这是红色文化沿着正确方向前行、不断开拓创新的根本保障。

其次，中国共产党为红色文化建设提供了坚实的群众基础。百年来，党始终坚持人民群众是历史创造者的历史唯物主义观点，慎始敬终地将群众路线融入全部的奋斗实践中，"在它的组织内集中着中华民族最优秀的儿女"。在新民主主义革命时期，中国共产党最大限度地联合了各个被压迫阶级组成统一战线，他们的革命实践构成红色文化生成的丰富质料。社会主义革命和建设时期，中国共产党极大调动了人民群众参与文化建设的积极性，红色文化建设在这一时期实现了继承发展。改革开放以来,坚持中国共产党的领导保证了文化建设方针的稳定性,人民群众在和平发展的环境中更有获得感和幸福感,红色文化建设在与时俱进中实现了守正创新。

实践发展证明,党的建设和文化建设相得益彰、相互促进,必须把党的领导贯穿红色文化建设全过程。为了更好地开展红色文化建设,中国共产党积极发挥先进榜样的作用,以榜样示范为引领,突出行为引导,形成良好的精神氛围,打造传承红色文化的主阵地和弘扬红色文化的新窗口。

党坚持马克思主义对红色文化的指导,就能取得文化建设的"话语权""领导权",就能够更好地发展社会主义先进文化,更好地凝聚人民的精神力量,为国家治理体系和治理能力现代化建设提供精神支撑。

3. 围绕时代主题和人民群众开展文化建设

只有与中国实际、时代主题和人民群众相结合,红色文化才能发挥出举旗帜、聚民心、育新人等凝心聚力的精神旗帜作用。

第一,红色文化建设与中国实际相结合。红色文化是马克思主义中国化历程中的一种形态,是马克思主义与中国实际相结合的产物,红色文化要在实践中发挥其应有的作用,必须与中华优秀传统文化的传承和发展这个重要实际结合起来。从属性上来说,红色文化属于文化的范畴,与中华优秀传统文化有许多相通之处,在实现中华民族伟大复兴中国梦的共同追求下能够实现融通与整合。中华优秀传统文化为红色文化的发展增加了"民族元素",而红色文化也为中国传统文化的现代转化提供了新的视角。

第二,红色文化建设与时代主题相结合。红色文化作为马克思主义时代化的产物，保持着马克思主义思想强烈的与时俱进的优良基因，它以解决时代问题为根本目标，这也是红色文化能够永葆生机、不断在新的时代条件下焕发出新的光彩的根本原因。

随着时代主题的变化，红色文化也会根据新情况、新形势，不断进行自我发展和完善，解决新问题，与时代发展保持同步，呈现出鲜明的时代特征。例如，革命年代产生的苏区精神、长征精神、延安精神，社会主义建设时期生成的塞罕坝精神、红旗渠精神，改革开放时期的小岗精神、女排精神，当代的航天精神、北斗精神和抗疫精神，等等。每一个时代红色文化都会在解决时代问题的实践中生成新的时代精神。

第三，红色文化与人民群众相结合。红色文化作为一种先进的文化和理论，只有被历史的创造者——人民群众接受，才能发挥其凝心聚力的精神力量。正如马克思所说，理论只有掌握了人民群众，才会变成改变世界的物质力量。也就是说，红色文化只有被人民群众接纳和理解，并用于社会主义伟大事业建设的实践活动，才能发挥其价值。建设红色文化，不仅要教育好、引导好人民群众，还要将红色文化与人民群众的具体实践活动结合起来，始终坚持"一切为了群众，一切依靠群众，从群众中来，到群众中去"的路线，切实解决好人民群众的现实问题，满足人民群众追求美好生活的诉求。同时，还应注意实现红色文化的大众化，要用群众喜闻乐见的表达方式、用群众生活中的语言将各种理论问题讲明白、讲透彻、讲到百姓心坎里。

红色文化是中华优秀传统文化和社会主义先进文化的重要组成部分，其蕴含着共产主义理想、中国特色社会主义信念和以人民为中心的理想与追求,不仅能提升中国人的思想境界、为实现中国梦提供精神动力,对解决人类所面临的共同问题也有重要意义。因此,需要把我国红色文化的精神标识、当代价值、世界意义提炼出来、展示出来,逐步提升中华文化的影响力和号召力。立足新时代,面对世界百年未有之大变局,中国人民需要红色基因来传承历史,需要红色精神来武装头脑,更需要红色文化来指引未来。

从某种意义上说,红色文化是一种政治文化,它始终围绕党的中心工作这一基本理路展开,在党开展中心工作的各个时期,红色文化发挥了政治动员、精神凝聚和价值引领的重要支撑作用。回首建党百年历史,党的红色文化建设始终坚持从党的中心工作出发,这是中国共产党百年红色文化建设的一条基本经验。

参考文献

[1] 马克思恩格斯全集(第1卷)[M].北京:人民出版社,2009:162-163,185-186,519,544-545,527.

[2] 马克思恩格斯全集(第3卷)[M].北京:人民出版社,1960:544.

[3] 马克思恩格斯全集(第25卷)[M].北京:人民出版社,1963:422.

[4] 马克思恩格斯全集(第25卷)[M].北京:人民出版社,1974:923.

[5] 马克思恩格斯选集(第三卷)[M].北京:人民出版社,1972:74.

[6] 毛泽东文集(第8卷)[M].北京:人民出版社,1999:323.

[7] 毛泽东选集(第2卷)[M].北京:人民出版社,1991:707.

[8] 习近平.决胜全面建成小康社会,夺取新时代中国特色社会主义伟大胜利——在中国共产党第十九次全国代表大会上的讲话[N].人民日报,2017-10-28.

[9] 中共中央文件选集(第11册)[M].北京:中共中央党校出版社,1991:659.

[10] 陈仁杰.再议"可持续设计"[J].设计艺术,2014(1).

[11] 何兴华.可持续论的内在矛盾以及规划理论的困惑[J].城市规划,1997(3).

[12] 蒋伟.《我们共同的未来》简介[J].城市环境与城市生态,1988(1).

[13] 李楠明,姜海波主编.张奎良文集(第一卷)[M].哈尔滨:黑龙江大学出版社,2016:66-68.

[14] 李忠.马克思生态环境思想及其当代价值[D].沈阳:辽宁大学,2014:63-64.

[15] 凌云.布伦特兰,一辈子忙两件大事[J].环球人物,2016(8).

[16] 刘煜昊,熊琰,宋协娜.中华优秀传统文化:马克思主义中国化的坚实根基[J].人文天下,2021(12).

[17] 邱小云.论中国红色文化百年发展史[J].红色文化学刊,2017(2).

[18] 汤玲.中华优秀传统文化、革命文化和社会主义先进文化的关系[J].红旗文稿,2019(19).

[19] 王剑,吴娟."可持续发展"理念的首创及其意义——《我们共同的未来》书评[J].铜仁学院学报,2014(11).

[20] 王睿.马克思的环境思想与我国生态文明建设[J].科学社会主义,2013(1).

[21] 王伟娜.马克思生态环境思想及当代价值[J].中国集体经济,2016(33).

[22] 王伟中.国际可持续发展战略比较研究[M].北京:商务印书馆,2000:1-17.

[23] 王耀华.马克思资源环境理论与山西煤炭资源可持续发展研究[D].兰州:西北师范大学,2010.

[24] 吴慧,许屹山.百年来中国共产党红色文化建设的历程与经验启示[J].中国石油大学学报(社会科学版),2021(6).

[25] 严雄飞,雷莉,严徐.湖北红色文化资源育人功能及路径研究[J].学校党建与思想教育,2018(14).

[26] 尹祥.建党百年来中国共产党红色文化建设的基本经验及其当代价值[J].理论导刊,2021(5).

[27] 张峰.中国共产党红色文化基本理论研究[D].南京:南京师范大学,2021.

[28] 张锋.传承与创新:中国共产党红色文化建设百年实践的发展历程[J].红色文化学刊,2021(4).

第二章
中国共产党在上海的"红色源头"

上海是一座有着光荣革命历史传统的城市。近代以来,上海以其独特的城市格局和历史文化,吸引着大批革命者聚集在这里。中国共产党诞生在上海,上海是中国革命红色基因的发源地。

一、中国红色之路的起点

1920年,在上海的法租界环龙路上,有一条弄堂叫渔阳里。在老渔阳里2号(今南昌路100弄2号),中国第一个共产党组织——上海共产党早期组织在这里诞生。这里是中国红色之路的起点。

(一)渔阳里的火种

1920年春,新文化运动的发起者陈独秀在北京大学的同事

第二章 中国共产党在上海的"红色源头"

李大钊的护送下,去天津乘轮船到上海。在旅途中,两位志同道合的思想文化传播者,商谈了在中国建立共产党的事宜。李大钊对陈独秀说:"我在北京,你在上海,我们分别做建党的准备工作。"——这就是"南陈北李,相约建党"。

陈独秀在上海的住处是老渔阳里2号。这里是《新青年》编辑部的办公室,热血青年李汉俊、陈望道、沈雁冰、邵力子等都是《新青年》的编辑。

陈独秀主编的《青年杂志》创刊于1915年9月,1916年9月从第二卷第一号起,正式改名为《新青年》。《新青年》高举科学和民主大旗,即"赛先生"和"德先生",用新文学来进行民众思想启蒙,《新青年》的创刊标志着中国新文化运动的兴起。1920年5月1日,《新青年》出版"劳动节纪念号",发表了蔡元培"劳工神圣"以及孙中山"天下为公"的题词,李大钊的《"五一"运动史》也在同期发表,在读者中引起轰动。

1920年春,共产国际代表维经斯基在与李大钊多次的恳谈后,认为中国已经具备了建立共产党的条件,他表示要帮助建立中国共产党。在李大钊的推荐下,4月的一天,维经斯基来到上海与陈独秀会谈。在老渔阳里2号,陈独秀与维经斯基一致认定,建党大业应该在上海展开。于是,陈独秀和李汉俊、陈望道、邵力子、沈雁冰5人,在老渔阳里2号召开了会议,成立了"马克思主义研究会"。

同年6月,陈独秀与李汉俊、俞秀松、施存统、陈公培等人经多次商议充分酝酿,决定成立共产党组织。8月,在陈独秀的主持下,中国共产党的早期组织在上海法租界老渔阳里2号正式成立,陈独秀被推选为书记。这是中国大地上出现的第一个共产党组织,初步定名为社会共产党,陈独秀在征求李大钊意见后,定名为"共产党",还起草了党纲。党纲草案共有10条,其中包括运用劳工专政、生产合作等手段达到社会革命的目的。

此后,陆续参加上海共产党早期组织的成员还有沈玄庐、杨明斋、李达、邵力子、沈雁冰、林祖涵、李启汉、袁振英、李中、沈泽民、周佛海等。

1920年8月,李达在日本完成学业,以留日学生会理事的身份回到上海。到上海后李达也住进了老渔阳里,帮助陈独秀编辑《新青年》,并积极地撰写、翻译了许多重要的文章。他翻译的《马克思经济学说》《唯物史观解说》《社会问题总览》等著作先后由中华书局出版。李达回国后就加入陈独秀等人刚刚建立的上海共产党早期组织。

1920年9月,《新青年》就成为上海共产主义小组的机关刊物,在此后的半年多时间,《新青年》刊登的关于马克思主义、十月革命和中国工人运动的文章多达130多篇,成为宣传马克思主义的重要思想阵地,为中国共产党的成立作了理论上的准备。

1920年11月,李达在上海创办了《共产党》月刊,举起了"共产党"的旗帜,为中国革命在思想理论上指明了道路。在《共产党》的创刊号上写道:"我们共产党在中国有两大使命:一是经济的使命,一是政治的使命",号召大家要"举行社会革命,建立劳农专政的国家,跟着俄国的共产党一同试验新的生产方法"。毛泽东赞扬这本刊物"旗帜鲜明",并将刊物中的一些重要文章介绍到长沙《大公报》发表。

在老渔阳里2号,李汉俊也是我国早期马克思主义重要传播者之一。他是《星期评论》的编辑。在李汉俊和陈望道、沈玄

第二章 中国共产党在上海的"红色源头"

庐、俞秀松、施存统等人的共同努力下,《星期评论》作为上海宣传马克思主义的主要阵地,和《每周评论》同被称为"舆论界中最亮的两颗明星"。

当初,陈独秀和李大钊在北京读了《共产党宣言》的英文版后,感慨万千。他们为马克思、恩格斯两位思想家、政治家的精辟理论折服,一致认为应该尽快将这本书翻译成中文。是历史选择了革命先驱陈望道。在老渔阳里2号,陈独秀、戴季陶、陈望道商定要尽快翻译出中文版的《共产党宣言》。

为了能专心致志地翻译好《共产党宣言》,陈望道秘密回到家乡义乌市分水塘村,住在一间小柴屋里,如饥似渴、夜以继日地钻研书中所蕴含的马克思主义思想精髓,字斟句酌、反复推敲。他的母亲特意为儿子包了粽子改善伙食,并叮嘱儿子蘸红糖水吃,结果发现陈望道嘴上全是墨水。原来,在翻译时陈望道过于聚精会神,竟错把墨水当作红糖水却浑然不觉,《共产党宣言》在陈望道心中真可谓"真理的味道非常甜"。

1920年8月,《共产党宣言》的第一个中文全译本问世。初版印了1 000本,虽然只是一本薄薄的小册子,但它却产生了改变中国历史的伟大动力,有着里程碑式的意义。

同年10月,李大钊在北京,毛泽东在湖南,董必武、刘伯垂等在武汉,山东通过王尽美、邓恩铭等都组织建立了共产党的早期组织。无疑,陈独秀在上海建立的早期共产党组织起到了发起组的作用,这也为中国共产党第一次代表大会在上海的召开作好了思想和组织上的准备。

老渔阳里2号,星火初燃的地方。这座承载着革命传奇的石库门,它的一砖一瓦一石都见证过中国马克思主义者们意气风发、激情满怀的人格魅力。往事悠悠,在这里我们依旧能看到无数风云人物活跃其中的旧影,那一把越燃越旺的革命火种代代相传,永不磨灭。

(二) 树德里的灯光

位于上海望志路106号(今兴业路76号)的树德里又被称作"贝勒路树德里"或"望志路树德里",它建成于1920年夏秋之间,属当时法租界管辖的西门区。树德里的建筑风格属于典型的上海石库门式样,外墙青红砖交错,镶嵌白色粉线,门楣有矾红色雕花,黑漆大门上配铜环,门框围以米黄色石条。业主是一名李姓妇人。房屋落成不久,沿街的106号、108号(今兴业路的76号、78号)两所房屋就被李汉俊兄弟租下,1921年中共一大就在106号内召开。这里是中国共产党诞生的重要实物见证。

1921年夏季,共产国际派往中国的代表——马林(原名:亨德立克斯·斯内夫利特)和尼克尔斯基来到上海。马林、尼克尔斯基与李达、李汉俊商议,应当尽快召开全国代表大会,宣告成立中国共产党。李达、李汉俊随即写信,函告各地共产党早期组织,让每地速选派两名代表赶赴上海开会。

中共一大中的9名代表住在离树德里不远处的白尔路389号(后改名蒲柏路,今太仓路127号),那里当时是私立的博文女校,是一座两层砖木结构、内外两进的石库门建筑。

在一大代表中,前清秀才何叔衡年纪最长,当时已经45岁。他和28岁的毛泽东一道前往上海。据当时送行的谢觉哉记载:"午后6时叔衡往上海,偕行者润之,赴全国○○○○○之招。"后来,谢觉哉追忆这段往事时说,这五个圆圈,是"共产主义者",

当时怕泄露信息,所以用圆圈代替。

邓恩铭当时刚满20岁,水族人,他与王尽美一起作为山东代表参会。董必武与陈潭秋是武汉代表。张国焘自北京、周佛海自日本到上海参会。陈公博、包惠僧是陈独秀委派的代表。"南陈北李"都因事务缠身没能赴会。虽然陈独秀、李大钊都没有出席中共一大,但由于他们在党创建时的突出贡献,其历史地位十分重要。

1921年7月23日晚,在树德里,来自7个共产党早期组织的13名代表召开会议,还有两位高鼻梁的共产国际代表马林、尼克尔斯基参会。因为"南陈北李"没有与会,张国焘被推为大会主席,他是学生运动的领袖。毛泽东与周佛海被推选担任记录员。

马林在会中分析了世界的形势,并介绍了第三国际的活动概况,说明中共成立的重要性等。多年以后,毛泽东回忆说马林是一个"精力充沛,富有口才"的人。在会议过程中,各地代表报告工作情况,交流工作经验。会议提出必须制定纲领和实际工作计划,推举张国焘、李达、董必武共同起草供会议讨论的党纲。在讨论共产党的基本任务和原则时,大家一致认为:中国共产党应确立无产阶级专政的基本原则,着重理论研究和实际的工人运动,扩大共产党的组织与影响。

7月30日晚,会场突然闯进一名法租界巡捕,革命经验丰富的马林立刻让与会代表转移。代表们刚离开,法租界巡捕房就扑进会场搜查。李汉俊与陈公博与他们周旋,最终化解了这次危机。但这儿不能再开会了,后经李达的夫人王会悟牵线,代表们约定转移到浙江嘉兴南湖继续开会。

在南湖的一艘游船上，代表们召开了最后一次会议。会议制定的《中国共产党第一个纲领》和《中国共产党第一个决议》，确立了共产党的纲领及奋斗目标。大会推举了陈独秀、李达、张国焘三人组成中央局，陈独秀任中央局书记。大会通过了党的纲领和关于工作任务的决议，并正式宣告中国共产党成立。

"作始也简，将毕也钜。"树德里的灯光从窗棂门缝中透出，照亮了中国共产党人前行的征途，它引导着中国共产党在波澜壮阔的革命洪流中乘风破浪，抒写了从建党到执政的辉煌篇章，构筑了中华民族伟大复兴的力量之源。

(三) 红色之源

在中国革命的历史上，上海创造了多个"红色第一"。近代上海独特的区位优势以及中西交融的多元文化，孕育了中国共产党红色起点的辉煌。上海是培养革命志士的摇篮，是中国革命的红色之源。

在中国共产党成立前后，除了中国的第一个共产党组织——上海共产党早期组织之外，在上海还诞生了中国的第一个社会主义青年团组织——上海社会主义青年团，中国共产党领导全国工人运动的第一个总机关——中国劳动组合书记部，中国共产党的第一所培养妇女干部的学校——平民女校等。从上海走出了一批早期青年、妇女和工人运动的革命骨干。

1. 上海社会主义青年团

1920年3月，经李大钊的推荐，21岁的俞秀松来到上海加入了李汉俊主办的《星期评论》社工作。在上海共产党早期组织筹建期间，陈独秀提议可以参照苏俄少年共产党的模式，"组织一个社会主义青年团,作为中共的后备军,或可说是共产主义预备学校"。

受陈独秀的委托,俞秀松主要负责中国团组织创建工作。8月22日,上海社会主义青年团正式成立。俞秀松担任书记,团员还有施存统、沈玄庐、陈望道、李汉俊、叶天底、袁振英、金家凤等人。团的机关设在原戴季陶的寓所,新渔阳里6号(今淮海中路567弄6号)。

当时,共产党是一个秘密组织,青年团是共产党的半公开组织。2个组织机关都在渔阳里,相距不远。党组织被称为本校,团组织为预校。为了便于开展工作,有些党的活动以团的名义开展,许多党员还保留着团籍,同时参加党、团组织的活动。有许多会议与革命活动是党、团联合举行的。青年团在成立初始就和共产党的事业休戚与共。在团和党的关系上,团接受党的领导。这也奠定了青年团紧跟共产党,成为党的忠实助手的良好基础。

俞秀松在上海的共青团组织建立后撰写了社会主义青年团章程,并将章程寄给各地共产主义者,建议各地建团组织。

其后,李大钊在北京筹建了社会主义青年团,邓中夏、何孟雄、张国焘、刘仁静等是最早的团员。1920年10月底,毛泽东在长沙成立团组织,郭亮、夏曦、罗学瓒、肖述凡等新民学会的成员是最早的团员。1920年长沙第一师范学生张文亮在日记中记载:"十一月二十一日,会见毛泽东(在通俗馆),嘱此时青年团宜注意找真同志;只宜从缓,不可急进。"这表明,在建团之初,毛泽东就非常重视青年团员的政治质量。

在上海社会主义青年团的倡导下,北京、武汉、长沙、广州、天津等地都陆续建立了团组织,团员发展到1 000多人。1921年4月,中国社会主义青年团临时中央执行委员会在上海成立。建团的过程中,上海团组织客观上起到了发起与指导的核心作用。1921年11月,重新制定团的临时章程,规定:"正式中央机关未组成时,以上海机关代理中央职权。"

1920年9月,为了培养干部和输送优秀青年,在新渔阳里6号创办了外国语学社,可以说,这是共产党创办的第一所党校和团校。上海社会主义青年团组织在外国语学社发展了最早的一批团员。从1921年4月开始,任弼时、刘少奇、萧劲光、彭述之、罗亦农、汪寿华等20余名学员分三批被派往莫斯科东方大学深造,为共产党培养了一批骨干力量。

1921年3月底,俞秀松前往莫斯科,出席了青年共产国际第二次代表大会。在大会上,俞秀松向青年共产国际阐述了中国社会主义青年团的产生、中国青年革命运动、上海的工人运动以及全国临时中央执行委员会的建立等情况,受到与会代表的密切关注。时任青年共产国际东方部书记格林称上海社会主义青年团为"中国青年团中最好的一个","上海的组织是中国的中心……完全是一个共产主义组织"。

2. 中国劳动组合书记部

20世纪20年代初的上海是中国工业和工人运动的中心,中国工运风起云涌。中国共产党成立后,加强了对工人运动的领导。1921年8月11日,中国劳动组合书记部在上海成立,它是领导工人运动的总机关,办事机构设在北成都路19号(今成都北路899号),张国焘为总主任。张国焘等在《共产党》月刊上发表了《中国劳动组合书记部宣言》。劳动组合书记部创办了

《劳动周刊》，作为工人运动的机关刊物，指导工人运动。

中国劳动组合书记部成立不久，在长沙、武汉、北京、济南、广州等地设立了5个分部，毛泽东是湖南部主任。

1920年秋，中国共产党创建时期最早的党员，著名的早期工人运动领袖李启汉在沪西小沙渡、槟榔路北锦绣里3弄（号）办了一所工人半日学校，这里是纺织工人最集中的地方，李启汉通过讲课、谈心、游艺等方式，向工人进行宣传，号召大家团结起来，组织工会，与剥削者进行斗争。不久，在他的帮助下工人建立了许多进步工会，如沪西纺织工会组织、上海印刷工人会、上海烟草工人会等。后来，李启汉为革命事业牺牲，他被邓中夏称为中国共产党历史上"坐狱最早最苦的第一位同志"。

1922年，中国劳动组合书记部的总部由上海迁到北京，邓中夏任主任，《工人周刊》是机关刊物。工作重点是对工人进行宣传教育，组织工会，领导工人开展罢工斗争。

1922年5月1日，中国劳动组合书记部在广州召开了第一次全国劳动大会。这一天，劳动大会的全体代表同广州5万工人一起进行游行，领队的一面大旗就是"中国劳动组合书记部"。

在中国共产党的领导下，上海掀起了第一次工运高潮，5月21日，上海30多个工团代表开会，联合发起组织上海劳动总工会。到1923年"二七"惨案为止，全国总共发生工人罢工百余次，仅上海就发生了54次，参与罢工的总人数达到8万以上。

1925年5月，中华全国总工会成立，至此，中国劳动组合书记部完成其历史使命。

3. 平民女校

平民女校是中国共产党创办的第一所培养妇女干部的学

校,它是党领导下的妇女解放运动的开始。

1921年10月,陈独秀就与李达商量女校创办事宜,但当时共产党仍处于地下状态,还不能公开办学。后来在李达的夫人王会悟的努力下,平民女校以上海女界联合会的名义筹办。

1922年2月,平民女校在南成都路辅德里632号A(今老成都北路7弄42—44号)石库门里弄正式开学。弄堂的楼下是学生的工读工场和饭厅,楼上的厢房是学生宿舍。当时,由于共产党的经费紧张,是李达从自己的稿费里支出女校每月50元的房租。

平民女校曾先后两次在《妇女声》和《民国日报》上刊登招生广告,说女校是专门招收有觉悟而无力求学的女子,使她们学到谋生工具,养成自立精神。平民女校一共招收30多位学员,著名的有王一知、钱希均、王剑虹、丁玲等。自此,一批新式女性走进里弄,得到许多名家教授的悉心教导。

平民女校的师资力量一流,他们都有很高的学术造诣。李达、蔡和森先后担任女校的校务主任,授课的老师有陈独秀、高语罕、邵力子、陈望道、沈泽民等。如邵力子先生给大家教授国文,他所选的国文大都是名著译文及评论等;作为《共产党宣言》翻译者的陈望道,他的作文课教法鼓励大家写出真情实感;沈泽民教英文,选用的教本是莫泊桑的小说和陀思妥耶夫斯基的《穷人》英译本;陈独秀给大家讲授社会学,向学生宣传社会科学、马列主义的基本理论;李达教代数,还专门为学生讲授马列主义。

教学之外,平民女校每周还安排两个小时的演讲,主要围绕妇女问题、妇女运动问题、军阀割据与世界帝国主义的关系以及为什么要反帝反封建等主题。陈独秀、李达、施存统等人都曾到女校进行演讲。刘少奇、张太雷等从苏俄回国后,也曾到校演讲,介绍俄国革命和建设的状况,系列演讲极大地开阔了女生们的视野。陈独秀和李达还曾在《妇女声》杂志上发表文章,热情赞扬平民女校是"到新社会的第一步"。

女校鼓励学生半工半读。她们每天做半天工,读半天书,挣得的工资,可供自己生活、学习所需。平民女校培养了一批优秀的女共产党员。如钱希均从小是童养媳,走上革命道路后,她长期从事党的地下工作,1926年在上海与毛泽民结婚,后来参加长征,是江西中央苏区长征队伍中30个女战士之一;王剑虹是中华女界联合会的机关刊物《妇女声》周刊的编辑,后来与瞿秋白结婚,因病英年早逝;丁玲在女校受到了文学创作的启蒙教育,此后成长为优秀的共产党干部和著名作家。

1922年底,由于办学经费极度困难,平民女校停止活动,一部分学员转入共产党领导的上海大学学习。几十年后,丁玲深切怀念在女校的学习生活,还回忆起女校学员到马路上捐钱、到浦东纱厂去讲演、劝工人坚持罢工的场景。

二、上海红色资源的特点

上海红色文化内涵丰富,"红色源头"特点鲜明。我们分别从绵延不绝、内涵丰富以及影响深远等几个方面加以阐述。

(一) 绵延不绝

鸦片战争以后,上海被开辟为通商口岸,设立了租界,洋人络绎东来,各地移民成批涌来。上海逐渐发展成为中国的最大城市、经济中心和西方思想文化传播基地。1919年,上海已经是中国的超大城市。

此后,红色文化一直是上海这座城市的底色。同时,上海也见证了一系列与中国共产党紧密相关的重要事件的发生。从新文化运动发轫、中共建党到国共合作,从抗日救亡到迎接解放,红色文化伴随着上海这座城市成长的各个阶段,红色历史的完整性,成为上海文化的一大特色。

从1921年7月中国共产党在上海诞生,到1933年初迁至江西瑞金,中央长时间在上海策划与指挥中国革命。在这期间,中共中央虽然也短暂迁往过北京、广州、武汉三地,但在上海的时间累计长达12年之久。

在1921—1949年的28年中,中国共产党共举行过七次全国代表大会,其中一大、二大、四大在上海召开。《新青年》《共产党》《向导》等革命报刊在这里创办。《共产党宣言》《资本论》等红色经典在这里翻译出版。无产阶级革命家邓小平、聂荣臻、陈毅等均从这里登船出发,赴法勤工俭学。党领导的五卅运动、上海工人三次武装起义在这里发动。《义勇军进行曲》等革命歌曲在这里诞生。毛泽东、周恩来、刘少奇、邓小平、陈云等都在这里英勇地奋斗过。

上海的红色资源保存相对完好,分布相对集中。尤其是相当一部分与党的城市斗争历史有关的里弄或街道,如渔阳里、大陆新村、恒丰里、永安里等,都在上海历史文化风貌区内得到了良好的保护,在外观上基本上保持了原来的面貌,人为加工的痕迹相对较少。例如,在复兴公园四周,密布着十余处建党早期的

第二章　中国共产党在上海的"红色源头"

重要红色历史遗址,除中共一大会址外,还有南昌路老渔阳里2号《新青年》编辑部旧址、太仓路博文女校、新渔阳里6号团中央机关旧址、共产国际代表维经斯基旧居、又新印刷所旧址、中国劳动组合书记部旧址、上海学生联合会会所旧址、《中国青年》编辑部旧址等。这些红色历史遗址构成了一个革命政党筹备、成立、宣传、生活以至指挥中国革命的全过程的图景,展示了中国共产党在上海诞生并进行艰苦斗争绵延不绝的历史。

1949年5月29日,新华社发表了毛泽东同志亲自修改审定的社论《祝上海解放》。其中就写道:"上海是中国工人阶级的大本营和中国共产党的诞生地,在长时期内它是中国革命运动的指导中心。虽然在反革命势力以野蛮的白色恐怖迫使中国革命的主力由城市转入乡村以后,上海仍然是中国工人运动、革命文化运动和各民主阶层爱国民主运动的主要堡垒之一……上海是近代中国的光明的摇篮。"可以说,上海在中国革命史上具有特殊地位,留下了大量宝贵的红色资源,也形成了具有鲜明特征的红色文化。

(二) 内涵丰富

上海的红色资源内涵十分丰富。特殊的城市环境,再加上中国共产党在上海的长期活动,使得上海的红色资源不仅存量丰富,而且覆盖了不同的斗争领域和不同的历史时期(从建党前后到中华人民共和国成立前后),党在上海的城市斗争史资料翔实,内容丰富。

从上海现存的红色遗迹来看,既有大量与党的活动相关的革命历史遗址遗迹以及各种类型的红色场馆,也有解放前党在上海通过的各种重要历史决议和文件,以及在这段时期内形成的一些重要的历史经验或精神文化成果;涉及政治、国际、军事、工运、统战、文化、情报、名人故居等内容。

除了人们熟知的中国共产党的诞生地、中国工人运动的发源地等红色资源外,上海还有很多红色资源之"最"。

1. 新文化运动的发祥地

1915年9月,陈独秀在上海法租界创办《青年杂志》(后改名为《新青年》),高举文学革命旗帜,催生了新文化运动。新文化运动是20世纪初,中国一些先进知识分子发起的反对封建主义的思想解放运动,其基本口号是拥护"德先生"(democracy)和"赛先生"(science),提倡民主和科学。新文化运动的代表人物有陈独秀、李大钊、鲁迅、胡适、蔡元培、钱玄同等,他们受过西方教育(当时称为新式教育),主张进化论观点、个性解放以及思想文化革新,"反传统、反孔教、反文言",猛烈抨击以孔子为代表的"往圣先贤",大力提倡新道德,反对旧道德,提倡新文学,反对文言文。

新文化运动有力地打击和动摇了长期以来封建正统思想的统治地位,唤醒了一代青年,使中国先进的知识分子尤其是广大爱国青年受到一次西方民主和科学思想的洗礼,从而打开了遏制新思想涌流的闸门,在中国大地上掀起一股生气勃勃的思想解放的潮流。这就为适合中国需要的新思潮,特别是马克思主义在中国的传播,并为广大民众所接受,创造了有利的条件。

《新青年》影响了一代人的信仰与人生道路。尤其是以李大钊为代表的马克思主义者积极传播马克思主义思想,发表《庶民的胜利》《布尔什维主义的胜利》等文章,影响巨大。后来,毛泽

第二章 中国共产党在上海的"红色源头"

东在回忆中说：是《新青年》改变了他的人生取向。

2. 留法勤工俭学运动的启航地

1912年留法勤工俭学会成立，逐渐兴起了留法勤工俭学的风潮。根据华法教育会的档案记载：从1919年3月17日开始，第一批89名由海路赴法勤工俭学学生乘坐的"因幡丸"号邮轮在汇山码头（今上海市虹口区北外滩的公平路至临潼路码头区域）起航，到1920年12月15日止，近两年间前后一共20批1843名中国学生赴法勤工俭学，其中1600余名学生是从上海黄浦江沿岸的码头出发，开启了改变人生命运的逐梦旅程。他们从上海扬帆起航，远涉重洋、联袂留法，其中就有蔡和森、周恩来、邓小平、陈延年、陈乔年、王若飞、刘伯坚、陈毅、李维汉、李富春、向警予、李立三、聂荣臻、徐特立、蔡畅、傅钟、李大章等。留法勤工俭学运动影响深远，它培养了一大批中国革命的领导者。

据邓小平回忆，当时他是从十六铺乘法国小轮船顺黄浦江而下，到杨树浦换乘法国的远洋轮船。作为留法勤工俭学运动的启航地，上海这个城市有着极其丰饶且与众不同的红色基因。

3. 远东共产主义运动的中心城

1919年3月2日，第三国际在莫斯科成立。大会通过了《告国际无产阶级宣言》《共产国际行动纲领》等文件。1919年8月，苏俄和共产国际开始积极推动远东地区的革命，上海成为其远东的基地。1920年5月，共产国际东亚书记处在上海成立，下设中国科、朝鲜科和日本科。东亚书记处设在上海，标志着共产国际把上海视为远东的革命活动中心。

1920年8月，共产国际执委会委员、民族和殖民地问题委员会秘书马林被任命为共产国际驻中国代表。1921年6月，马林专程抵达上海,同期到达的还有共产国际远东书记处的代表尼克尔斯基。可以说,上海作为远东共产主义运动中心的地位彻底确立。

为了进一步推动在远东地区的革命运动,到达上海后,维经斯基在霞飞路新渔阳里6号组建了华俄通讯社。1920年8月17日,维经斯基在写给共产国际东方民族处的信中谈道:"我在这里逗留期间的工作成果是在上海成立了革命局"。上海"革命局"由5人组成,其中包括维经斯基、陈独秀和李汉俊。

4. 革命书刊的中心出版地

我国近代的出版机构有多个称谓,如"书局""书社""印书馆"等,第一个以"出版社"为名称的是人民出版社。该出版社是在中国共产党成立后于上海成立的,负责人为李达。在中共一大上,李达被选为中央局宣传主任。李达在上海的寓所南成都路辅德里625号,就是人民出版社社址。《新青年》第九卷第五号曾登载《人民出版社通告》:"近年来新主义新学说盛行,研究的人渐渐多了,本社同人为供给此项要求起见,特刊行各种重要书籍,以资同志诸君之研究。本社出版品底性质,在指示新潮底趋向,测定潮势底迟速,一面为信仰不坚者祛除根本上的疑惑,一面和海内外同志图谋精神上的团结。"系统地编译马克思主义著作,向民众开展革命宣传是人民出版社的主要任务。

1918—1919年发行刊物中,开辟专栏介绍马克思学说的有30余种;当时,全国报刊多达400余种,它们虽然立场观点不一,但几乎无一不谈马克思主义。其中影响比较大的刊物包括陈独秀主编的《新青年》、邵力子主编的《觉悟》、戴季陶主编的《星期评论》以及张东荪主持的《时事新报》副刊《学灯》。这些刊物中,除《新青年》杂志的编辑部一度在北京(发行部则在上海)外,其余几种刊物都在上海。此外,在上海的刊物还有《太平洋》《新教育》《少年中国》《解放与改造》《科学》等。

俄共代表费奥多尔在报告上海之行时亦赞誉,"上海是中国社会主义者的活动中心,那里可以公开从事宣传活动。那里有许多社会主义性质的组织,出版300多种出版物(报纸、杂志和书籍),都带有社会主义色彩。"可以说,近代上海发达的媒介网络为马克思主义的早期传播提供了便利条件。

5.城市革命暴动的试验地

1926—1927年间,中国共产党在上海发动了三次工人武装起义。在苏联的影响下,借鉴苏俄经验做法,中国共产党从1926年起开始尝试"飞行集会",举行迅速集合又能迅速分散的游行或者会议,这是中国共产党在城市斗争中广泛使用的宣传和发动群众的一种斗争方式。首次"飞行集会"就发生在上海,指挥部设在南京路沈大成点心店楼上,在五卅运动一周年之际,举行了各式各样的纪念活动。在之后长达十一年的时间里,城市暴动与"飞行集会"频繁使用,工人、学生、教师、文化工作者都曾不同程度参与,甚至一些进步的寓沪外侨也积极投身其中。

城市暴动与"飞行集会"是中国共产党在长期革命过程中的艰难探索行动。这一时期,党的很多干部对革命充满热情,然而在理论准备与实践经验上都不够充分。在通过城市暴动夺取政权的理论实践探索中,"飞行集会"是重要的方式之一,它经历了开端、发展、高潮、扩散等不同阶段,革命者利用"飞行集会"向敌人示威,展示革命力量,宣传革命思想,动员革命群众。在白区举办形式各异,在苏区范围遍及城乡。然而,"左"倾教条主义者不懂得把马列主义原理同中国工运具体实践相结合,不愿意去研究中国工运的实际,只想生搬硬套外国模式,把革命的中心规定在城市,特别是中心城市,总是驱使工人群众去孤军奋战,一次又一次地组织城市工人起义,一味蛮干,撒传单,贴标语,搞"飞行集会",结果导致工人运动一次又一次的失败。在十余年的实践中,经过血的代价,中国共产党认识到走城市暴动与"飞行集会"这条道路是行不通的。

6. 统一战线和多党合作的策源地

1922年7月16日至23日,中共二大在上海召开。中共二大通过了《关于"民主的联合战线"的议决案》,对中共一大所规定的"不同其他党派建立任何关系"作了改变,向全国的工人、农民发出号召,要求团结在共产党的旗帜下进行斗争;同时提出联合全国一切革命党派,联合资产阶级革命派,组织民主的联合战线,并决定邀请国民党等革命团体举行联席会议,共商具体办法。这是中国共产党最早提出关于统一战线的方针,民主联合战线的思想对推动中国革命的发展有着重大意义。

此后召开的"西湖会议"进一步提出了统一战线的合作方式,促成了第一次国共合作的顺利实现;上海大学也正是由中国共产党实际领导,国共两党携手创办的创新实践的产物。

1936年4月,受中共中央委派,冯雪峰从陕北来到上海,传达毛泽东及中共的抗日民族统一战线政策,党的策略路线是发动、团结与组织全中国全民族一切革命力量去反对日本帝国主义与蒋介石。中国共产党肯定了救国会抗日救国的言论和英勇的行动,开始了与上海各界救国会的合作。可以说,中共与民主党派的合作起始于上海。到20世纪40年代,上海又成为民主党派的集中地。

7. 左翼思想文化战线的主阵地

1930年初,中国共产党根据进步作家统一自己组织的要求,在中央文化工作委员会的直接领导和支持下,经过反复酝酿和讨论,3月2日,在上海窦乐安路233号(今多伦路201弄2号)中华艺术大学召开了大会,正式成立了中国左翼作家联盟(简称"左联")。大会选举了鲁迅、沈端先(即夏衍)、冯乃超、钱杏邨、田汉、郑伯奇、洪灵菲七人为"左联"的常务委员,成立了马克思文艺理论研究会、国际文化研究会、文艺大众化研究会等研究机构,通过了"左联"的理论纲领和行动纲领,决定创办《萌芽月刊》《拓荒者》等刊物。在"左联"成立会上鲁迅作了题为《对于左翼作家联盟的意见》的讲话(《萌芽月刊》第1卷第4期,1930年4月)。他阐明了左翼作家如果不和实际斗争接触,只是抱着浪漫的幻想,"无论怎样的激烈,'左',都是容易办到的;然而一碰到实际,便即刻要撞碎";他指出这样的"'左翼'作家是很容易成为'右翼'作家的"。

中国左翼作家联盟的成立标志着革命文学跨入一个新的发展阶段,也标志了中国无产阶级及其先锋队——中国共产党对革命文艺事业领导的加强。中国左翼文化界总同盟及其所属团体,是中国共产党领导下的文化界的统一战线组织,它团结和争取了大批左翼文化工作者,同国民党的反革命文化"围剿"展开了激烈的斗争,创作了一大批具有很高水平的文艺作品和理论著作,宣传了马克思主义,锻炼造就了一支马克思主义的文艺队伍。鲁迅是其中的佼佼者,毛泽东称鲁迅是"向着敌人冲锋陷阵的最正确、最勇敢、最坚决、最忠实、最热忱的空前的民族英雄"。

此后,左翼文化延伸至左翼电影、剧作、音乐等领域。1933年3月,成立了"左翼电影小组"和"左翼音乐小组"。当日本侵华步步紧逼之时,上海进步文化界又提出了国防文学、国防电影、国防音乐。

国民党反动派对于无产阶级革命文学运动横加迫害,"左联"五烈士的遇难是最典型的事件。"左联"在艰苦险恶的环境下,高举无产阶级革命文学的旗帜,英勇战斗并取得辉煌成就。如《义勇军进行曲》初名《战歌》,歌词是田汉创作的,当时田汉居住在山海关路安顺里11号(今山海关路274号),田汉被捕后,夏衍继续完成创作。其后,聂耳在孙师毅家中得到歌词,在霞飞路(现为淮海中路)1258号寓所完成了初步的谱曲。

8. 隐蔽战线的主战场

大革命失败后,中共中央机关迁至上海。上海成为中共白区工作和隐蔽战线工作的主战场之一。为了保证中共中央领导机构的安全,1927年11月,在周恩来主持领导下,将原先的"特务工作处"扩建为中国共产党中央特别行动科,中央特科由此正式建立,其主要活动地域是在上海。到了1928年,中央特科已建立起总务科、情报科、行动科、交通科等机构,主要从事地下工作,其基本任务还包括收集掌握情报、镇压叛徒、营救被捕同志、建立秘密电台等。

1928年春,中央在上海举办秘密工作学习班,由周恩来亲自讲授保卫自己、打击敌人的基本方法。11月4日,中央政治局常委会议决定:由向忠发、周恩来、顾顺章组织中央特别任务委员会,由周恩来实际主持领导特科和全国隐蔽战线的工作。周恩来是中央特委的核心领导者和决策者。

1931年4月,由于顾顺章的叛变,中央特科作了重新调整,由陈云总负责。特科也改变了工作办法,创立统一战线工作与情报工作相结合的独特方式,重建情报关系网。1933年中央迁离上海后,特科工作由武胡景等相继主持。1935年9月分批撤离,上海设办事处。聂荣臻等人也参加过中央特科的工作。

中央特科作为中共的第一个政治保卫和情报特工机构,在中共党史上有特殊地位及影响。中华人民共和国成立后,公安部成立了政治保卫局,后又成立国家安全部作为政治保卫和情报机构。可以说,中央特科是中共以及中华人民共和国政治保卫和情报工作机构的始祖。

9. 抗日救亡运动的中心地

20世纪30年代,中日冲突逐步升级,上海兴起了抗日救亡运动。九一八事变以后,上海各界民众纷纷走上街头,抗议斗争。上海逐渐成为中国抗日救亡运动的中心。1931年9月20日,上海学界开展罢课斗争。9月22日,上海成立抗日救国联合会,决定去南京向国民政府请愿。上海抗日的学生运动从分散走向了联合。与此同时,上海各界掀起了抵制日货的活动。9月24日,上海3.5万码头工人举行反日大罢工。9月26日,举行了有20多万人参加的抗日救国大会,会后举行了大游行。在上海的抗日率先行动下,全国的抗日热潮风起云涌。

1932年"一·二八"事变后,上海既是反侵略的主战场,又是全国的抗日救亡运动中心。1936年5月31日由沈钧儒、邹韬奋等领导的全国各界救国联合会在上海成立。联合会制定了《抗日救国初步政治纲领》,并发表了"停止内战,一致抗日"的主张,影响深远。

1937年"八一三"淞沪抗战粉碎了日本皇军不可战胜的神话,也为我国沿海工业及政府机构西迁赢得了宝贵的时间,上海的抗日救亡运动,极大地鼓舞了全国人民的抗战热情。

10. 反内战第二条战线的主阵地

国民党反动派为了维持发动全面内战的巨额战争费用,不惜出卖国家主权,以换取美国的大量物资和贷款,对国统区人民横征暴敛、强取豪夺,滥发钞票。1946年到1947年5月间,在国民党统治区形成的学生运动、工农运动和各阶层人民的斗争汇合在一起的反内战、反饥饿、反迫害的民主运动,是反对国民党统治的第二条战线。

1947年2月9日,上海市三区百货业工会邀请上海各界代表在劝工大楼召开"爱用国货,抵制美货"运动筹备大会。国民党特务进行破坏行凶,当场打死该工会的梁仁达,打伤100余人,制造了"二九"惨案。

1947年5月,上海各高校开展各项斗争,进行广泛的反内战、反压迫、反卖国活动的宣传。5月中旬,上海地区学生举行反饥饿罢课并游行,紧接着各高校纷纷响应,一起组织宣传队分赴市区向各界群众宣传反饥饿、反内战活动。

5月20日,南京、北平、天津三地的学生分别举行游行,向国民政府要饭吃、要和平、要自由。而京沪苏杭地区的6 000余名学生则以"挽救教育危机"为名在南京举行了联合大游行,游行被国民政府血腥镇压,这就是震惊全国的"五二〇"血案。

国民党暴行激起了学生的愤怒,此后,"反饥饿、反内战、反迫害"成为全国学生统一的口号,他们继续以罢课游行等行动与国民党不断地进行斗争。从5月下旬纪念五四运动起步,至

6月下旬,"反饥饿、反内战、反迫害"的口号声响遍上海、武汉、西安、成都等60多个城市。6月19日,全国学生联合会在上海成立,国民党迫于各界压力被迫陆续释放被捕学生。

这次运动是中国学生运动史上规模最大的一次,学生运动促进了人民运动的高涨,由此形成了反对国民党统治的第二条战线。

(三)影响深远

上海作为中国共产党的诞生地和确立初心的地方,在整个中国革命、建设和改革的过程中具有特殊的历史地位和作用。上海的红色文化记忆,对于今天培育和弘扬社会主义核心价值观具有重要意义。

作为马克思主义的传播基地,在中国共产党的历史上,有许多重要的思想、理念,都是在上海酝酿、产生的,有许多影响深远的事件也是在上海发生的。

中国共产党诞生,以马克思主义为指导,选择了社会主义道路,这是最具思想深度的实践。

根据毛泽东的自述,1920年,他在上海拜访陈独秀,讨论对于马克思主义的信仰,受到陈独秀启发,这才决心献身中国共产主义运动。此后,他成为湖南共产主义小组的发起人。单此一项,便可以说正是上海的红色文化影响了整个中国革命的征程。

中共二大通过了中国共产党第一部党章,规定了党内生活和党内关系的一系列基本原则,其核心思想是建立严密的各级党组织,加强党的纪律性,标志着中国共产党从此有了属于自己的最高行为规范。第一次国共合作是在上海正式谈妥的。中共四大第一次提出无产阶级要掌握民主革命运动的领导权问题,第一次提出工农联盟问题。这些在党史上都具有里程碑的意义。

红色文化伴随着上海这座城市成长的各个阶段,红色历史的完整性是上海文化的一大特色。在上海的红色记忆中,有许多革命先驱和文化名人在这里留下了身影,众多的红色历史旧址遗迹,它们恰似一个个"没有围墙的博物馆",上海的红色资源是历史和现实之间的纽带。

上海是中国共产党的诞生地,党成立后党中央机关长期驻扎上海。上海的红色资源蕴涵着革命先辈的崇高理想和坚定信念,凝聚着党的优良革命传统和集体智慧,这也是新时期进行革命历史教育的优质资源。深入挖掘和研究这些红色文化资源,不仅有利于丰富和完善党在上海留下的不可磨灭的光辉印记,更有利于丰富建构更为完善的上海红色革命基因和历史图景。这是面向新时代,传承红色基因,弘扬党的优良传统与革命精神,培育社会主义核心价值观,凝聚起团结奋进强大精神力量的宝贵资源。

三、上海红色革命纪念地资源

2020年5月,由上海人民出版社、学林出版社出版了《初心之地——上海红色革命纪念地全记录》一书,该书是苏智良教授带领"上海红色历史纪念地遗址发掘项目"团队,进行深度的学术研究和广泛的实地调查,形成的相当完整和丰富的上海红色文化基因图谱。该书集中展现了1 000处上海红色革命纪念地,它紧扣上海红色文化历史脉络,理性、直观、广博地呈现上海红色历史的立体图景,全面地反映中国共产党领导的革命活动对上海城市社会各个方面的影响,为上海党史和城市史研究提供了完整、翔实、可靠的第一手成果。这里,我们以其中具有代表性的170个上海红色文化资源现状分类阐述。

红色资源是老一辈留给我们的宝贵财富,它在爱国主义教育中发挥着重大作用,在形态上,红色资源既有物质的,也有非物质的。我们根据红色资源开发的情况,将其分为伟人、名人和革命者故居,革命历史事件和活动遗址以及红色机构纪念地等三类。

(一) 伟人、名人和革命者故居

主要是指革命伟人、名人和革命者出生成长或者从事革命工作战斗过的地方,其核心资源包括故居、墓地/陵园、生产生活活动遗址遗迹和曾使用过的物品及口头与非物质遗产资源。如毛泽东故居、刘少奇故居、周恩来故居以及邓小平故居等。

此外,在上海的伟人、名人和革命者故居还有:孙中山故居、陈独秀旧居、陈云故居、张闻天故居、邹韬奋故居、鲁迅故居、瞿秋白寓所、茅盾寓所、刘晓故居、刘长胜故居、李白烈士故居、宋庆龄故居、黄炎培故居、邵力子和陈望道旧居遗址、任弼时旧居、恽代英旧居、萧楚女寓所、维经斯基旧居遗址、江寿华旧居、赵世炎旧居、郭沫若旧居、何香凝旧居、钱壮飞旧居、李克农旧居遗址、冯雪峰寓所、史沫特莱旧居、杨度旧居、杨杏佛旧居、史量才故居、聂耳旧居、沈钧儒旧居、蔡元培故居、李一氓旧居、草婴故居、何遂旧居、朱学范故居、陈毅旧居、田汉旧居、潘汉年旧居、胡也频和丁玲旧居遗址、夏衍旧居、张乐平旧居、巴金旧居、杜重远旧居、贺绿汀旧居、蒋光鼐旧居、李维汉旧居、苏征兆旧居、周信芳旧居、竺可桢旧居、周扬和周立波旧居遗址等。

在这类红色资源中，有些伟人、名人和革命者故居留下多处，如毛泽东故居就包括1920年毛泽东旧居和茂名路毛泽东旧居。

1920年上半年，毛泽东领导了"驱逐湖南军阀张敬尧"运动。5月至7月，他作为请愿团的代表来沪居住，旧居地址在安义路63号（解放以前叫"哈同路民厚南里29号"）。这是青年毛泽东第三次到上海的居住地。其间，毛泽东发起成立"湖南改造促成会"，列席了著名的"半淞园会议"，并商讨组织"改造湖南联盟"计划，还多次拜访陈独秀，研讨马克思主义，酝酿创建中国共产党。与此同时，他在报刊上发表了许多宣传革命道理的"激扬文字"，并自学英语，积极投身革命活动。毛泽东回忆起这段经历时称，这"是一生中最关键时刻"。从此，他转变成为一个马克思主义者。该旧居1959年被列为上海市文物保护单位，1985年由上海市人民政府更名为"一九二〇年毛泽东寓所旧址"，2013年免费对公众开放。

毛泽东一生中50多次到上海，从事过许多重要活动，发表了一系列重要讲话和指示，对上海和全国的革命和建设事业，起了至关重要的指导作用。茂名路旧居（原慕尔鸣路甲秀里318号）是毛泽东在上海居住时间最长，也是他和杨开慧一起开展革命活动的一个住所，具有重要的历史人文价值。

1924年1月，国民党第一次全国代表大会在广州举行，标志着第一次国共合作正式形成。毛泽东参加了大会，并被选为中央候补执行委员。2月，毛泽东到国民党中央上海执行部工作,任文书科代理主任兼组织部秘书。抵沪后,毛泽东先住在闸北三曾里,不久便搬到慕尔鸣路甲秀里居住。同年6月,杨开慧偕母亲向振熙、儿子毛岸英、毛岸青来沪,也住在这里。毛泽东一家住在楼下厢房里,蔡和森、向警予夫妇住在楼上。在此期间,杨开慧除帮助毛泽东整理文稿、料理家务外,还去小沙渡路工人夜校讲课,深受工人们的欢迎。

(二) 革命历史事件和活动遗址、遗迹

主要是指围绕革命战争、活动发生地的遗址、遗迹等遗留下来的物质遗产,以及重大历史事件发生地、活动旧址及其遗留下来的物质和非物质遗产,包括建筑和历史文物等。如中国共产党一大会址、中共二大会址、中共四大遗址、中国共产党发起组成立地等。

此外,在上海的革命历史事件和活动遗址、遗迹还有:中国共产党一大代表宿舍旧址、马林与中共一大代表秘密会面处、平民女校旧址、三山会馆——上海工人第三次武装起义南市指挥部、黄浦码头——赴法勤工俭学运动出发地、汇山码头——赴法勤工俭学运动出发地、第一国际难民收容所旧址、顾正红烈士殉难处、五卅惨案烈士流血处、陈延年被捕处、中共中央组织部干训班旧址、中国左翼作家联盟成立大会旧址、龙华烈士陵园、远东反战大会旧址、《义勇军进行曲》诞生地、沪西工人半日学校遗址、上海南洋烟厂工人大罢工遗址、小蒸农民暴动指挥所旧址、枫泾农民暴动指挥所旧址、第五次全国劳动大会遗址、东方旅社事件发生地遗址、黄浦剧场——《义勇军进行曲》首次播放处、中国饭店——周恩来发布《七月指示》所在地、全国救国联合会成

立地点旧址、新四军金银秘密兑换点——老凤祥银楼、"一·二八"事变引发处、四行仓库抗日纪念地、王孝和烈士就义处、海关大楼——上海解放时外滩第一面红旗升起处、绮云阁——上海解放时南京路上第一面红旗升起处、新新电台——宣布上海解放第一声等。

在这类红色资源中，有些革命历史事件和活动遗址、遗迹留下多处，如"苦干剧团"募捐助学金义演出遗址就包括浦东大厦四姐妹咖啡乐府以及吴江路美华大戏院等地。

浦东大厦1936年建成，是一幢花费58万银元建造的8层现代化大厦，位于上海爱多亚路（今延安东路）成都路口，它在淞沪会战时期是上海的抗日救亡活动中心，因而被载入史册。"苦干剧团"1942年在上海成立，它是由黄佐临与黄宗江、石挥等人以"齐心合力，埋头苦干"为信约创办的。1945年，《申报》《新闻报》为筹募助学金举行义演活动。"苦干剧团"在浦东大厦、美华大戏院（吴江路80号，已拆除）等地义演了《富贵浮云》《以身作则》等剧目。20世纪90年代中期，因建造延安路高架道路，浦东大厦也被拆除。

（三）红色机构纪念地

主要是指自中国共产党成立以来，在革命战争年代所建立的革命组织机构旧址及其遗留下来的物质和非物质遗产，包括建筑和历史文物等。如中国劳动组合书记部旧址、八路军驻沪办事处旧址、新四军驻上海办事处旧址、中国社会主义青年团临时中央机关暨中共首所干部学校外国语学社旧址等。

此外，在上海的革命组织机构纪念地还有：李书城和李汉俊旧居暨《星期评论》编辑部遗址、《新青年》月刊发行所旧址、又新印刷所旧址、上海机器工会临时会所遗址、《向导》周刊编辑部遗址、中共三大后中央局机关三曾里遗址、《中国青年》编辑部旧址、上海总工会旧址、《布尔塞维克》编辑部旧址、中共江苏省委机关旧址、中共六大以后党中央政治局机关旧址、中共中央常委会议机关旧址、中共中央和中央军委秘密联络点旧址、中共中央联络机关旧址、中共淞浦特委办公地点旧址、中共中央军委机关旧址、中共中央秘书处旧址、中共六届四中全会会址暨中央特科机关所在地、中国共产党代表团驻沪办事处暨周公馆旧址、中共中央宣传部办公处遗址、中共中央上海局机关旧址、中共中央上海局秘密联络点、中共中央与共产国际代表联络点遗址、中共中央第一座秘密电台遗址、中共中央国际电台遗址、中共中央秘密印刷厂旧址、中共中央文库遗址、上海人民保安队总指挥部旧址、上海寰球中国学生会遗址、上海大学遗址、上海书店遗址、太阳社旧址、黄埔革命同学会总会旧址、抗战时期中共联络站、全国总工会印刷所遗址、淞沪抗战十九路军军部遗址、维经斯基与共产国际代表联络处、《新华日报》驻沪办事处、中共代表上海办事处旧址、中共地下党秘密联络点、中共江南省委秘书处。

在这类红色资源中，有些红色机构纪念地留下多处，如中共地下党秘密联络点有锦江茶社、鼎元钱庄、丰记米号、沪丰面包厂以及邵建旧居等。

参考文献

[1]《解放日报》社,中共一大会址纪念馆编.伟大的开端[M].上海:上海人民出版社,2017.

[2]方世敏,邓丽娟.红色旅游资源分类及其评价[J].旅游研究,2013(1).

[3]蒋杰.中共"一大"为何在"树德里"召开[N].文汇报,2017-06-30.

[4]李红.树德里的灯光[N].解放日报,2016-03-03.

[5]李忆庐.红色之源:中国共产党在上海开创的若干第一[N].解放日报,2016-07-03.

第三章
上海红色文化资源传承利用的问题思考

关于"红色文化资源",学术界还未形成统一定义,在现有文献中,从"红色""文化"和"资源"三个关键词进行分析的比较多见。"红色"象征着革命和胜利,象征着理想和信念,从符号学角度来看,红色的外延包含"自由、独立、解放和救国"。"文化"是人类在社会历史发展过程中所创造的物质财富和精神财富的总和。所谓"资源",是指在一定的社会历史条件下存在的,能够满足人类需要并可以为人类开发利用的各种要素的总和,包括物质、制度、精神三方面。关于上海红色文化资源的界定,应该包含在上海地区存有的,由中国共产党领导人民群众在新民主主义革命时期、社会主义革命和建设时期所创造的承载革命历史、革命事迹和革命精神的所有历史遗存,具体包括伟人、名人和革命者故居、革命历史事件和活动遗址以及红色机构纪念地等类型,其中纪念场所类红色文化资源包括纪念地、纪念馆、纪念碑、雕塑、校史馆等。上海是中国共产党的初心之地,红色文化遗产弥足珍贵,如何保护好、传承利用好这些珍贵的红色资源,是十分重要的问题。

一、上海红色文化资源传承利用面临的问题

由于历史等原因,上海红色文化资源存在一定程度上的灭失、管理机制与法规亟待健全、统筹联动机制需要建立等现实难题。进入新世纪,数字技术给红色文化利用提出了挑战,上海红色文化资源效用的最大化等都成为新的挑战。我们试从理论研究、展示宣传以及制度保障等几个方面来探讨上海红色文化资源传承利用所面临的主要问题。

(一) 理论研究需要更深层次的历史反思

较早关于上海红色文化资源的文献方面的研究,见于1978年发表在《同济大学学报》的《上海宝山烈士墓纪念碑》一文,这篇文章从建筑学的角度系统介绍了上海宝山烈士墓纪念碑的总体设计以及纪念碑、基座、平台、浮雕墙、纪念墙等单体设计。1979年,《关怀上海鲁迅故居、纪念馆的恢复和筹建》一文,在《纪念与研究》上刊出。1988年后,相关研究逐渐多了起来。

近年来,学术界针对上海红色资源传承利用问题也有一定的研究,特别是对中国共产党在上海召开的重要会议等相关内容如一大、二大、四大等方面的研究也取得了显著的成果。围绕马克思主义中国化的主题、对马克思主义中国化的贡献以及马克思主义中国化基本经验的概括总结等研究成果较为丰富。但从对上海红色资源本身的研究来看,还存在一些不足之处。如忻平教授认为上海红色文化资源利用尚需加强,应该更多地讲

第三章 上海红色文化资源传承利用的问题思考

好上海的红色文化故事,而不是一提起上海,只有现代化的大都市的印象。上海红色文化的精神提炼不够,建党精神不足以凝练出上海独具特色的红色精神。红色文化资源的时间概念仍不完整。上海红色文化资源管理政出多头,缺乏统一的管理。高福进教授也认为,如果把建党精神作为上海红色精神的凝练,显得过于平淡而不够醒目。由于年代的久远、资料匮乏,研究者对上海红色文化资源的研究还有诸多困惑。进入新时期,包括对"我们共产党人""日出东方"等纪念中国共产党成立的大型红色主题展览的研究,也大多停留在宣传报道层面,在深层次的历史反思、实践研究、学理分析方面也显得不足。

在上海的党史党建、思政教育等领域的研究中,研究者提出了融入红色基因的"思政课"等观点,但对上海的红色文化资源传承利用研究有待加强。

张润在"上海红色文化资源研究与高校思政课教学创新论坛"综述中提出研究、挖掘、利用上海红色文化资源,为思想政治理论课的教学和建设创新注入更加丰厚的精神食粮观点。苏波、焦娅敏对上海红色文化融入研究生思政课的可能性和途径进行了探究。李光认为新时期,以红色文化资源为中心的红色展览肩负着赓续红色基因的使命,为培育和践行社会主义核心价值观、实现中国梦提供强大精神动力。红色文化是马克思主义基本原理同中国具体实际相结合的精神结晶,是对中华优秀传统文化和世界优秀文化的继承、发展与创新。在红色文化资源传承利用上尚存在开发利用的力度不够,功利性、庸俗化的开发利用、传承利用的低效无序等现象。对于上海红色文化研究来说,紧紧依托中国共产党人百年奋斗历史中在上海的重要会议以及重要党史人物、重大革命活动资源,发挥好上海红色文化的育人功能,利用好这些红色文化资源,构建上海红色文化的传承体系,红色文化才会得到更好的传承利用。

从对上海红色文化资源传承利用机制构建的理论探讨来看,学者关注到"融合""共享"等问题,但是作为一项综合、系统的事业,在实施机制的支撑方面还缺乏研究。

近年来,研究者就数字技术给上海红色文化资源传承利用提出的新挑战,关注到网络环境下的红色资源的共建共享、云教育、红色文化从应用整合向融合创新发展以及红色资源效用最大化等问题。在线、互通、智能的红色文化资源"云"化大平台以及制度政策对共建共享的推动作用等问题也引起了关注。张章、杨章伟等对红色文化传播的路径进行了研究,提出"互联网+"红色文化资源开发利用能够提供参与式、体验式的教育效果等观点。数字技术为弘扬红色文化提供了极大的机遇,面对势不可挡的新媒体发展趋势,需要抓住互联网等新媒体提供的契机,对上海红色文化资源进行数字化,利用数字技术来解决传统观展模式的局限性和资源获取的被动性,使上海红色文化资源焕发新的活力与展示新的形式,从而传承红色文化,增强红色文化的吸引力、感召力和影响力。如何从体制机制上构建上海红色文化资源传承利用的长效动力机制等,这是一个需要重点关注和研究探索的现实课题。

国外对"红色文化"有一定的研究,不过直接研究成果较少,但学者关于红色旅游资源、公共文化资源保护以及资源一体化发展利用的一些观点,对于本课题研究具有借鉴意义。

国外学界对中国红色文化进行了一定的研究,集中在对红

第三章 上海红色文化资源传承利用的问题思考

色文化的内容构成、红色文化的影响以及红色旅游的发展等方面。

国外有关红色文化的研究不多,研究者对"红色文化"的理解也不同于国内学者。如迈克尔·谢里登(Michael Sheridan)从中国博物馆馆藏的红色遗产中分析了红色艺术、红色电影等带给中国共产党革命建设的巨大热情。白杰明(Geremie R. Barme)在《红色:论当代中国文化》(*In the Red: On Contemporary Chinese Culture*)一书中,对中国当代红色文化中的艺术、电影和文学批评等内容有较深入的探讨。近年来,研究者梳理了红色旅游资源及其与展览展示的内在联系。如科斯明·西普里安·卡拉巴(Cosmin Ciprian Caraba)比较了欧洲共产主义遗产旅游与中国的红色旅游,分析了其产生、发展及其面临的问题,指出红色旅游是中国在2004年以后兴起的一种文化旅游,由国家引领,以共产主义革命遗址展览为基础。杰弗里·沃尔(Jeoffrey Wall)指出旅游业是遗产与政治之间的重要纽带。中国正在使用共产主义遗产作为资源。红色文化旅游是一项官方政策,旨在通过遗产旅游来增强民族认同感和对中国共产党的支持。J.亨德森(J. Henderson)则指出旅游业的开发可以成为红色文化资源的一种工具,它服务于经济、社会和政治等。

对于公共文化资源保护利用方面,学者们重视整合研究,注重数字化的文化资源生命周期管理,特别是新兴技术在资源整合中的应用,元数据标准等是研究的新热点。

以公共数字文化资源整合平台研究为例,英国、美国、加拿大、日本、澳大利亚等都有代表性的研究成果。本·威廉姆森(Ben Williamson)认为文化资源被配置为与庞大的全球数据收集计划相关联的"数据平台"。朱迪·罗伯逊(Judy Robertson)则认为数字时代的文化资源需要更深入地理解如何处理计算和数据及社会影响。他们对文化资源整合的特点、整合方式、整合技术、发展趋势、不同公共文化机构数字资源整合中的异构资源元数据互操作方式等进行深入研究,提出了文化资源利用需要寻求新的合作机构,不断扩大可用资源的范围,整合文化资源的方式要多样化,并且要充分利用信息化的技术来拓展文化资源整合平台的功能等观点。研究主题广泛,虚拟展览、多维导航、可视化信息查询等是重要的整合方式。

对文化资源的研究拓展到"文化产业",学者关注文化资源利用中的"产业关联""评估方法、影响力机制、发展模式"等研究。

法兰克福学派的西奥多·阿多诺(Theodor Adono)和马克斯·霍克海默(Max Horkheimer)在《启蒙辩证法》一书中首次提出了"文化产业"(culture industry)的概念。欧盟已经将文化产业和文化政策纳入诸多欧洲会议的主要议题。文化资源在外延上不再局限于传统的文学、影视、美术等表现形式,旅游、互联网、文化遗产等也纳入到研究的视野,尤其是新技术手段的运用。迈克尔·利普顿(Michel Lipton)提出集中国家各种资源优先发展城市并带动乡村共同的发展模式问题。S. 科布里奇(S. Corbridge)进一步指出在推进城乡一体化建设中,要重视制度层面的作用。德米特里·罗德尼亚斯基(Dmitry Rodnyansky)提出国家要在空间规划中考虑到对区域文化发展的影响等观点。对资源利用机制中的评估方法、影响力机制、发展模式以及决定因素等领域深入研究的学者如朴东贤、马里奥·阿图罗·

鲁伊斯·埃斯特拉达(Mario Arturo Ruiz Estrada),论述了基于经济、政治、社会和文化等发展维度的资源利用评估(RIE)方法。科尔帕科娃等指出资源利用发展要有针对性的机制,要考虑到每个实体的关键利益。

(二) 宣传与展示利用手段有待丰富

上海在深入开展红色文化保护传承和宣传教育方面,已经做了大量的工作,特别是以建党百年为契机所实施的"党的诞生地发掘宣传工程",系统推进了对红色资源的发掘保护、理论研究、新闻宣传、文艺创作、社会宣传、教育培训和红色旅游等工作。目前已经成立"上海市中国共产党伟大建党精神研究中心";重点推进了"一馆五址"的建设保护,即"中国共产党第一次全国代表大会纪念馆",以及中国共产党发起组成立地旧址,包括《新青年》编辑部旧址、中共中央政治局机关旧址、中共中央军委机关旧址、中共中央秘书处机关旧址、中共中央特科机关旧址等。

在文艺宣传方面,舞剧《永不消逝的电波》《辅德里》、杂技剧《战上海》、电影《1921》、电视剧《功勋》等红色文艺精品公演。截至目前,有150多种"党的诞生地"出版工程出版物推出。在数字化方面,红色文化资源信息应用平台"红途"上线。

另外,还有红色旅游精品线路、红色公交线路、红色旅游巴士专线、红色经典步道系统等与市民见面。通过持续打响红色文化品牌,构筑红色基因传承弘扬高地,正在把"党的诞生地"打造成为上海的一张鲜亮名片。

上海正在持续探索并积极实践如何在红色文化传播的"重"

与"轻"之间找到最佳结合点,让深厚的历史既保持精神内涵的庄重,又能插上传播的"翅膀",走进更多人的内心深处。

红色文化是国家的软实力,但如果在宣传方面不够,红色文化的品牌知名度就不够高、影响力不够大,尤其是对青少年学生群体来说,红色文化宣传教育活动开展得不够,就会使得青少年学生对红色文化认识欠缺。

从总体上来说,上海对红色文化的保护利用已经取得了一定的成效,但是从精益求精的角度来看,红色文化的宣传推广方面依然存在着需要加强的地方,红色文化资源知名度还需要进一步提升。

上海的主要红色文化资源包括遗址、遗物、文献资料、纪念设施等物质形态文化资源以及其所承载的精神文化资源和革命路线、方针、政策、规章、制度、歌曲等非物质形态文化资源。从现有数据资料来看,还存在着宣传力量尚不足、宣传路径尚单一以及宣传效果与显示度需要加强等问题。在关于红色文化的影视资料以及红色文化的文学著作方面还不够丰富,还需要通过加强宣传推广的力度来保护利用这些珍贵的资源。

另外,在有关文物活化利用方面,上海的文物的内涵挖掘、价值阐释、故事讲述和宣传推广还不充分,让文物"活起来"的理念和实践创新力度还不够,文物保护成果增进民众获得感的办法举措不多。在科技赋能方面,上海的文物博物馆和考古领域的智力密集优势和跨学科合作优势尚未充分释放,文物科研力量及文物保护科技创新能力还需整合提高,科技创新转化应用和成果复制推广的效能不高。

结合本书研究,笔者在上海松江大学城区做了一个以大学生群体为主的小范围随机调查,结果显示:上海在红色文化资源利用方面的宣传力度还相对不足。有些场馆如马相伯故居等,馆内的宣教人员还停留在"预约讲解""定时讲解"的陈旧宣传方式上,"主动推广"意识有所欠缺;有些陈列馆宣传路径过于单一,如小蒸农民暴动指挥所旧址,除了在地方新闻办公室官方微博有一些简要介绍之外,并没有抓住线上流量,进行必要的线上宣传。宣传模式与信息化大环境不相符。由于线下宣传的人员有限,人力成本高,很难保证良好的宣传效果。

此次调查共收到受访的有效问卷 130 份,从年龄分布上来看,30 岁以下的年轻人有 83 人,约占 64%(参见图 3-1)。

请问您的年龄段为?(单选题)

选项	小计	比例
22 岁及以下	70	53.85%
23—30	13	10%
31—40	22	16.92%
40 以上	25	19.23%
本题有效填写人次	130	

图 3-1 上海松江大学城区受访人员年龄分布

受访人员在被问到"您认为上海的红色资源展览中存在哪些问题?(多选题)"时,认为"场馆活动不吸引人,缺乏体验性"的最多,占 77.5%,认为"知名度低,宣传力度不够"的也占 50%(参见图 3-2)。

目前能够查到的有关数据也显示:在上海的红色文化资源展示与开发利用方面,尚存在一定的空间。

上海红色文化资源传承利用的机制构建

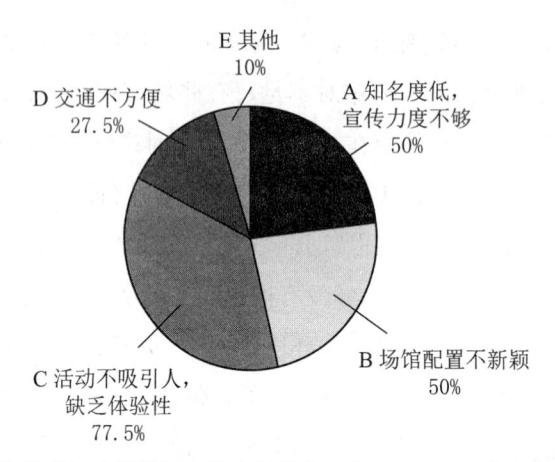

图 3-2 上海松江大学城区受访人员认为上海红色资源展览中存在的问题

（饼图数据：A 知名度低，宣传力度不够 50%；B 场馆配置不新颖 50%；C 活动不吸引人，缺乏体验性 77.5%；D 交通不方便 27.5%；E 其他 10%）

2018 年 7 月，《上海红色文化地图》公开标注的上海最新确认的红色文化资源只有 387 处。2021 年，从有关媒体向社会公布的数据来看，权威部门发布的上海红色遗迹遗址和纪念设施数据增加到了 612 处（另据上海文明网发布的相关数据，截至 2021 年 3 月，上海已经确认的革命遗址遗迹总数有 657 处），在数据上尚没有最后确定，这表明相关核实的统计仍在进行中，但这些与 2020 年由上海人民出版社、学林出版社出版的《初心之地——上海红色革命纪念地全记录》一书所展现的 1 000 处上海红色革命纪念地还有一定的差距。

调查也显示：上海红色资源还存在闲置、利用率不高、综合效益不高等问题。例如，经多方查找，包括上海大学遗址、山海工学团、上海市建承中学等红色资源处尚缺少直接具体的联系方式。在一些红色景区，旁边的居民乱搭乱晒，一些商家在旁边乱摆乱卖，跟庄重的气氛完全不搭调，破坏了整个红色教育的氛围等。

第三章 上海红色文化资源传承利用的问题思考

值得注意的是,上海的红色旅游收入在全市旅游总收入中的比重还较低微。以国庆假期为例,据央广网上海2021年10月7日报道上海旅游大数据监测,上海市七天共接待游客1 794.53万人次,而纳入到假日监测统计的8家(包括中共一大纪念馆、上海市龙华烈士陵园、上海鲁迅纪念馆、陈云纪念馆等场馆在内)红色主题类景区(点)接待游客16.78万人次,约占1%。上海红色旅游的开拓空间还很大。

随着大众媒介传播日益多元化,面对新的话语语境与传播方式,红色文化的宣传迫切需要转型和创新。一方面,如果固守原有的传播模式,缺乏创新,缺乏开放性、包容性,对新媒体环境下的大众传播特点和规律了解不透,尤其是对"00后""05后"年轻人心理特点、思维方式和受众需求等了解不够,缺少新颖的传播方式,就很难引起年轻受众的共鸣,也会在一定程度上影响红色文化传播的有效性和持续性。另一方面,大众媒介的显著特点是强化和突出消费主义的感官刺激功能、休闲功能和娱乐功能,这在客观上也加剧了一些媒体经济利益至上的偏向,红色文化在宣传上缺少时代精神元素的融入,导致红色文化传播走入庸俗化、娱乐化的误区,这也是需要引起注意的。

目前,上海在红色文化宣传过程中,虽然也运用了5G直播等新技术渠道推广,但线上宣传平台开发、公共空间和多种媒体的建设和综合利用尚不足,在展示宣传的手段以及持续性等方面仍需丰富与提升。

在展示利用方面,形式单一,有些红色展馆仍多以馆室陈列、静态呈现为主,缺乏多元多样的变化,红色故事挖掘不深,参与性体验性活动甚少,周边红色资源开发不及时不协调,各种配套不便捷等,这都使得丰富生动的红色文化资源不能被很好地利用,参观者少,红色文化教育功能难以较好发挥。尤其是未被列入保护对象的红色文化资源大部分还处于缺少管理的状态。其展陈形式相对单调,大部分停留于"一栋小房子＋一些书籍＋一些活动掠影"的模式,缺乏吸引力和影响力,难以满足红色文化资源的发展需要。

另外,在人才队伍建设方面,上海的文博机构队伍相对薄弱,机构建设和队伍能力还不能满足文博工作高质量发展的内在需求,存在"小马拉大车"的现象,专业技术人才队伍建设力度不足,治理体系和治理能力现代化水平亟待提高。

(三) 相关法律法规建设亟待健全完善

上海的红色资源有着鲜明的特征和独特的优势,但也存在着一些亟待解决的深层次问题。其中就包括上海的红色场馆之间隶属关系复杂、管理体制分割的问题。例如,就当前上海各个红色场馆的隶属关系来看,有的隶属于市委宣传部,有的隶属于市退役军人事务局,有的隶属于区委,有的隶属于区文广局,还有的隶属于文物保护部门等。体制机制上的瓶颈造成了上海红色资源在传承利用上的碎片化,制约了红色资源作用的发挥。

在全球化、信息化背景下,随着时代语境的改变,人们的精神追求、价值信仰趋向多元,这使得红色文化保护工作开展起来困难重重。尤其是在功利主义、消费主义的诱导下,有些人沉迷于对物质欲望的追逐而忽视精神食粮的汲取,对于革命先烈、红色遗址保护的使命感、责任感淡化,人们享受着和平时代物质世界的安逸与幸福,已经很难体会到红色文化背后蕴含的深厚内涵,更无法真切体会到革命烈士的英勇牺牲带来的生命震撼。

以高校为例,在现有的专业课程设置中,同红色文化资源相结合的内容还较少,校内的专题讲座或是校园文化建设中也较少涉及红色文化。在基础教育阶段,红色文化真正进入各类课程设置的也较少。应试教育的影响,导致学生对于红色文化的学习机会较少,对于红色文化资源的了解浮于表面,无法理解和深究红色文化背后蕴含的革命精神和价值传承。解决这些问题的关键是要从制度建设入手,必须建立健全红色文化传承利用的法律法规体系。

目前,国家对于红色文化的保护大多是围绕物质文化遗产层面展开的,缺少统一制定的专门法律和规范文件,相关条款散见于各种不同层面法律法规和相应文件中。

具体来说,我国对红色文化遗产的保护,大多以《中华人民共和国文物保护法》《全国红色旅游发展规划纲要》等为参考依据。但这些法律普遍存在权责不明,多头管理等问题。如《中华人民共和国文物保护法》由国家文物行政部门负责,《中华人民共和国城市规划法》由国家城市规划行政部门负责,《中华人民共和国文物保护工程管理办法》则由国家文化行政部门负责等。在管理上和操作上容易造成职责不明,在落实管理与保护责任上存在一定困难。

从上海来看,红色文化保护的相关法律法规还不完善。能结合地方特色的上海红色文化传承和保护条款还有待健全,在实践中,红色文化遗产保护针对性不强,操作难度大,维护资金来源渠道单一,惩罚不严等,在客观上也增加了政府及相关部门的保护难度。

二、上海红色文化资源传承利用的主要对策

上海是"党的诞生地",党成立后党中央机关长期驻扎上海,这是无可比拟的精神高地,上海红色文化研究应进一步强化对伟大建党精神的凝练,应该将上海的红色文化故事串联起红色文化资源,进一步让上海的红色文化资源活起来,从而更好地涵养社会主义核心价值观。

(一) 加强伟大建党精神研究

2021年7月1日,习近平总书记在庆祝中国共产党成立100周年大会上的讲话中首次提出伟大建党精神:"一百年前,中国共产党的先驱们创建了中国共产党,形成了坚持真理、坚守理想,践行初心、担当使命,不怕牺牲、英勇斗争,对党忠诚、不负人民的伟大建党精神,这是中国共产党的精神之源。"伟大建党精神伴随着中国共产党人寻求救国救民真理的不懈探索,它是中国共产党领导中国人民进行革命、建设、改革伟大实践的结晶。伟大建党精神是中国共产党团结带领中国人民进行一切奋斗、一切创造的精神动力,是中国共产党立党、兴党、强党的精神原点和思想基点。

1. 百年艰难探索的伟大历程

1840年鸦片战争后,西方列强入侵中国,当时的清政府被迫签订了一系列不平等条约,中国逐步沦为半殖民地半封建社会,中国人民生活在水深火热当中。"国家蒙辱、人民蒙难、文明

第三章　上海红色文化资源传承利用的问题思考

蒙尘",中华民族陷入了前所未有的黑暗之中。

在如何拯救中华民族的问题上,在无数的仁人志士经历了种种尝试之后,终于迎来了中国共产党的成立。中国共产党的成立真正开启了中华民族的复兴之路,中国共产党在成立之初,就肩负起了民族复兴的大任,灾难深重的中国人民自此有了可以信赖的组织者和领导者。中国共产党把马克思主义作为行动指南,中国革命从此有了正确的前进方向。

改变中国人民的悲惨命运,迫切需要有新的思想和理论来引领,迫切需要有新的组织来凝聚革命力量,这个组织必须以科学理论为指导,必须代表最广大人民的利益,而不是少数人的利益,能够信念坚定、不怕牺牲、勇于斗争,能够让中国人民在精神上由被动转为主动,中国共产党应运而生,伟大建党精神得以孕育。

1920年8月,共产党的早期组织在上海法租界老渔阳里2号《新青年》编辑部成立。在上海共产党早期组织的推动下,北京、广州、武汉、长沙等各地也纷纷创建了共产党的早期组织。当年的11月,共产党早期组织拟定了《中国共产党宣言》,接收党员有了新的标准。宣言正式提出了共产主义者的远大理想、目标,并且在经济方面,强调将生产工具收归社会共有共用,消灭人剥削人,消灭私有财产;在政治上提出要废除政权、军队、法庭;在社会方面,提出要消灭特殊阶级等。

1921年7月,中国共产党第一次全国代表大会在上海召开,大会通过了党的第一个纲领,旗帜鲜明地把社会主义和共产主义作为自己的奋斗目标,把为中国人民谋幸福、为中华民族谋复兴确立为自己的初心使命。

1922年,在上海召开的中共二大制定了反帝反封建的民主革命纲领,产生了第一部党章,在党章中对党员要忠诚于党作出明确规定。由此可见,伟大建党精神体现在中国共产党的先驱们创建党的实践当中,其核心要义就是要为了救国救民、为了实现中华民族伟大复兴寻找到科学的真理和坚强的领导力量。

伟大建党精神在中国共产党成立后,不断得到弘扬和发展,我们从党章党规以及党的政治、思想、组织、作风等各项建设当中都可以看到,共产党人不畏强敌、不惧风险、敢于斗争、勇于胜利的风骨和品质也正是伟大建党精神的体现。中国共产党在百年历程中,不断弘扬伟大建党精神,涌现出一批又一批视死如归的革命烈士、舍生忘死的英雄人物、无私奉献的先进模范,这种精神在不同的革命历史时期有不同的体现,如井冈山精神、苏区精神、长征精神、延安精神、抗战精神、抗美援朝精神、"两弹一星"精神、特区精神、改革开放精神、抗洪精神、抗震救灾精神、脱贫攻坚精神、抗疫精神、北京冬奥精神等,这些构筑起了中国共产党人的精神谱系。

伟大建党精神鼓舞着一代代共产党人奋勇拼搏,为立党兴党强党提供了丰厚滋养。中国共产党以自我革命引领社会革命,以党的先进性引领中华民族不断前进,创造了新民主主义革命、社会主义革命和建设、改革开放和社会主义现代化建设、中国特色社会主义新时代的伟大成就,书写了中华民族历史上最恢宏的史诗。历史实践证明,伟大建党精神是中国共产党精神之源,为保持党的先进性和纯洁性、持续建设伟大工程和推进伟大事业、开辟伟大道路提供了强大动力。

2. 马克思主义科学性、人民性和斗争性的彰显

作为中国共产党的精神之源,伟大建党精神构筑起了中国

第三章 上海红色文化资源传承利用的问题思考

共产党的精神谱系,并转化为强大的物质力量,其根本原因就在于以马克思主义为指导,蕴含了马克思主义的科学性、人民性和斗争性,这是符合人类社会发展规律和党的建设规律的,顺应历史大势和时代潮流,顺应民心这一最大的政治,彰显了真理性和价值性的有机统一。

伟大建党精神,是对马克思主义科学理论的充分运用,并以其理论的科学性指导党的实践活动。在内涵上,伟大建党精神的首要内容是"坚持真理、坚守理想"。这个真理,就是包括马克思主义的世界观和方法论在内的马克思主义普遍真理,它涵盖马克思主义哲学、马克思主义政治经济学和科学社会主义的基本原理。这个理想,就是共产主义的远大理想,它是建立在科学真理基础之上,有着坚实的学理支撑的。中国共产党的先驱们,在科学的理论指引下,敏锐地把握历史大势,担当起为中国人民谋幸福、为中华民族谋复兴的初心使命。他们投身革命事业,不怕牺牲、英勇斗争,用实际行动做到对党忠诚、不负人民。

接受了马克思列宁主义的中国先进分子,意识到只有用马克思主义的学说才能从根本上改造中国,改变中国人民的悲惨命运。中国共产党是马克思主义这一意识形态的组织形态,是马克思主义普遍真理的信仰者和实践者。建立在马克思主义科学理论基础之上的是党的纲领、路线、方针、政策以及作风、纪律、制度,等等。

在内涵上,伟大建党精神彰显了马克思主义的人民性。坚持真理、坚守理想,为的不是少数人,也不是为某个利益集团、权势团体和特权阶层,而是为了给受苦受难、遭受剥削和压迫的最广大人民群众谋福祉。早期的共产党人,在接受了马克思列宁主义后,纷纷成立马克思学说研究会等社团组织,翻译、出版马克思主义经典著作,如饥似渴地学习、探讨真理,向广大人民群众宣传真理,进行艰苦卓绝的斗争,坚决捍卫真理,喊出了"劳工万岁"的口号。他们开始走出书斋、校门,主动和工农群众结合,唤起民众觉醒。不怕牺牲、英勇斗争,大公无私,无私无畏,敢于同一切反动势力和不平等、不公正现象作斗争。对党忠诚、不负人民,就是要忠诚于党的理想、组织、纪律,为民族复兴而奋斗。

1922年,党的二大在《关于共产党的组织章程决议案》中强调,"我们既然是为无产群众奋斗的政党,我们便要'到群众中去',要组成一个大的'群众党'","党的一切运动都必须深入到广大的群众里面去","我们的活动必须是不离开群众的"。从建党开始,中国共产党就坚定地站在了马克思主义的政治立场,明确要为群众奋斗和深入群众。

在伟大建党精神中,斗争性也是十分鲜明的特征之一。共产党组织的建立,是要敢于斗争、勇于斗争、善于斗争、敢于胜利,是要团结带领中国人民推翻帝国主义、封建主义、官僚资本主义三座大山,为民族独立、人民解放、国家富强、人民幸福而奋斗。1922年5月1日,为纪念五一国际劳动节,共产党人陈潭秋发表短文《快,起来呀!》,号召中国工人"快快醒来""快快联合起来,向政府及资本家请愿"。这正是以实际行动执行党组织发动工人的决定。

坚持真理、坚守理想,这是激励共产党人英勇斗争的行动指南和内在动力,是中国共产党人在面对强大敌人、面临死亡危险和风险考验时的信念支撑。党的先驱们在面对反动势力时,能够不惧危险,坚信一定能够取得胜利。革命战争年代,革命先烈们在英勇就义前,从不畏惧,表现出大义凛然、宁死不屈、舍生忘死、视死如归的精神,坚信会有更多的有识之士投身革命,坚信共产主义一定会实现。

马克思主义斗争性在现实中的表现,就是要在面对强敌、面临生死的考验时,能够为党牺牲一切,在面对困难时能够顽强拼搏、努力奋斗。对党忠诚、不负人民,这不仅是共产党人的政治品格和道德高线的要求,也是对共产党人纪律底线的基本要求,是共产党人勇于斗争的基本原则。

3. 科学理论指导下的优良作风与制度体系

从实践维度看,伟大建党精神已经形成了彼此紧密关联的三大机制,即通过内化形成科学理论、外化形成优良作风、固化形成制度体系。

中国共产党信仰马克思主义,是马克思主义的政党,马克思主义是党指导制定路线方针政策,制定党章党规的行动指南。

在伟大建党精神的指引下,中国共产党人把马克思主义同中国具体实际相结合,同中华优秀传统文化相结合,不断推进马克思主义中国化时代化,回答了中国革命、建设和改革的基本问题,为成功推动中国问题的解决提供了科学的理论指导和中国方案,也使伟大建党精神转化为具体的理论和路线方针政策,并落实到党领导的各项事业当中。比如在文化领域,注重发展中国特色社会主义的先进文化、弘扬革命文化和红色文化,加强党在意识形态领域的领导权,培育和践行社会主义核心价值观等。

在弘扬伟大建党精神的实践中,党在不同时期形成了理论联系实际、密切联系群众、批评和自我批评、艰苦奋斗等的优良作风。坚持真理、坚守理想的精神，直接培育和滋养了理论联系实际的作风和实事求是的思想路线。在实践中，中国共产党人立足中国国情，面向中国问题，用马克思主义的世界观和方法论分析中国现实，形成中国理论和中国方案。不忘初心、担当使命的精神，培育和滋养了密切联系群众的优良作风，它要求中国共产党人全心全意为人民服务，坚持群众路线，坚持人民至上、以人民为中心。不怕牺牲、英勇斗争的精神，培育和滋养了艰苦奋斗、顽强拼搏的优良作风，它要求中国共产党人艰苦朴素、不怕苦、不信邪、敢于斗争，能够为了党和人民的利益而作出牺牲。对党忠诚、不负人民的精神，培育和滋养了纪律严明的优良作风，它要求中国共产党人忠诚于党的理想信念、组织、纪律，坚决执行组织决定，在关键时刻能够冲锋陷阵、舍生忘死。伟大建党精神的弘扬，塑造了党员干部的优良作风和党的良好形象，密切了党群关系，增强了党的凝聚力、向心力、组织力和战斗力。

中国共产党把伟大建党精神融入党内法规制度体系中，确保其能够长期地发挥作用，以此统一全党的行动。建党以来，新制定或修订的党内法规，都坚持正确政治方向，坚持从党的事业发展需要和治党实际出发，以党章为根本，贯彻党的基本理论、基本路线、基本方略，彰显了伟大建党精神。党的十八大以来，党中央坚持思想建党和制度治党相结合，坚持依法治国、制度治党和依规治党统筹推进，强化制度执行，以党内法规的形式进一步固化党的伟大精神，让伟大建党精神得以细化为具体的规章制度，成为党员干部的硬约束。

伟大精神推动伟大事业，中国共产党的成立是中华民族伟大复兴的起点，经过一代代中国共产党人的浴血奋斗、不懈奋

第三章　上海红色文化资源传承利用的问题思考

斗、自我革命,我们党历经百年,百年曲折,百年辉煌,伟大建党精神在新时代闪烁着它应有的光辉,激励着新时代的我们为建设强大国家、笃定走中国特色社会主义道路而奋力前行,激励着新时代的我们朝着实现建设社会主义现代化强国奋斗目标笃定前行。

4. 走中国特色社会主义道路、复兴中华民族的伟大理想

作为以马克思主义为指导思想的政党,中国共产党早在建党之初就把走社会主义道路作为理想。中共一大提出了"革命军队必须与无产阶级一起推翻资本家阶级的政权;承认无产阶级专政,直到阶级斗争结束"的纲领;中共二大提出"建立劳农专政的政治,铲除私有财产制度,渐次达到一个共产主义的社会"纲领。中共一大、二大的纲领表明党从成立之时起,就已经旗帜鲜明地把实现社会主义、共产主义作为自己的奋斗目标。

百年以来,中国共产党负重前行,目标始终如一。党带领中国人民经过二十八年的浴血奋斗,取得新民主主义革命的胜利,建立了中华人民共和国,又经过"三大改造"在中国建立了社会主义社会,再通过改革开放实现了国家的富强、民族的兴旺,在中国特色社会主义新时代,在中国共产党的领导下,我国的国际地位日益提升,正在以一个负责任大国的形象,受人尊重地活跃在世界舞台上。

2012年11月29日,习近平总书记在参观《复兴之路》展览时提出"中国梦"的概念。其后,他在一系列重要讲话中深刻阐述了中国梦的定义、基本内涵、奋斗目标和实现路径,逐步使中国梦成为一项系统的战略思想。他指出,实现全面建成小康社会,建成富强、民主、文明、和谐的社会主义现代化国家的奋斗目

标,实现中华民族伟大复兴的中国梦,就是要实现国家富强、民族振兴、人民幸福。既深深体现了今天中国人的理想,也深刻反映了我们先辈们不懈追求进步的光荣传统。

(二) 数字赋能拓展宣传功能

2017年,上海市黄浦区由地方政府牵头举行过一次"红色一公里"的主题趣味活动,该活动是类综艺挑战形式的大型开放式"密室逃脱",在革命先烈们奋斗过的地方,通过游戏和任务的方式让挑战者们扮演当年的革命先辈,完成一个又一个"惊险"的挑战,身临其境地感受这片土地上发生过的红色故事。当时邀请了一些青年记者,参与者谈到感想都表示受益匪浅,但此次活动相关报道并不多,也没有专业记录的影像留下来,有些遗憾。红色文化活动能记录下挖掘红色资源利用的全过程,留下珍贵的资料,这对于宣传红色文化是十分有意义的。

在红色文化的宣传方面,需要挖掘更多红色文化精品资源,打造上海红色文化品牌,强化上海与红色文化的共振点,扩大宣传的受众面,着力深化拓展宣传红色文化的教育功能。

从宣传的基本手段和方式来看,红色场馆运用基本陈列文物传播红色文化、开展活动宣传红色文化、针对不同群体进行红色文化教育,这始终是革命历史类纪念场馆的主题主业。日常参观学习是红色场馆开展宣传教育的基本手段,要建立与学校、机关、企事业单位、城乡社区、驻地部队等共建共享机制,开展丰富多彩的主题教育活动。

展馆教育活动中的展陈讲解是宣传教育的关键环节,在这方面要加强对讲解工作的规范管理,加强对讲解人员的培训,在

第三章 上海红色文化资源传承利用的问题思考

导向正确、史实准确的前提下,根据不同参观群体的特点,有针对性地设计讲解内容,增强思想性、知识性和趣味性。重大历史事件和重要历史人物纪念活动、中华民族传统节庆、烈士纪念日、国家公祭仪式等是开展集中教育的重要契机,要突出教育主题,组织开展有庄严感、仪式感、获得感的纪念庆典仪式,引导人们在亲身参与中接受精神洗礼。

红色场馆还需要走出去开展宣传教育,可以举办专题展览和临时展览,深入企业、农村、学校、社区等举办有特色的流动性展览,使红色文化活起来、动起来。要抓好重点人群的宣传教育,建设党员干部教育基地,设计精品党性教学线路,针对青少年学生开发体验式课程,努力把场馆打造成为广大党员干部、青少年学习党的历史、传承革命传统、践行社会主义核心价值观的实景课堂。要发挥红色旅游教育功能,精心设计红色旅游体验式主题项目。可以通过举办理论研讨会、学术报告会等,加强党史人物、革命精神的研究宣传,运用最新研究成果开展宣传教育。另外,还要注重研发红色文化产品和文化服务,推出图书、影视剧、歌曲、话剧、情景剧等文艺作品,生动传播爱国主义精神、弘扬革命传统。

在宣传手段上,要充分利用数字化技术,拓宽宣传渠道,除了利用报纸、杂志等传统的纸质媒介以及利用广播、电影、电视等形式进行宣传,还可以利用新媒体的方式来进行,比如抖音、微视、火山视频等短视频软件,或是通过举办文艺汇演、展览会等形式进行宣传,或是学校经常组织同学去参观革命纪念场所等。此外,为了加强红色文化资源的推广力度,提高其知名度,政府还可以设立相关宣传部门,并利用现代网络技术,在网站上建立相关的网页、网址,创建专业的推广平台。同时,还应将现有的红色文化资源运用到实际教学中去,突出其思想政治教育的功能,实现红色文化的资源优势向推进社会主义核心价值体系建设的政治优势和精神优势的转化。

针对当代年轻人的阅读习惯,建立面向高校学生的公众号、微信小程序、抖音官号等平台,用年轻人乐于接受的形式,如漫画,短视频等也很重要,讲好红色故事,不一定必须用冗长的篇幅,高频次短篇幅的连载形式更加容易引起年轻人的阅读兴趣。

随着网络技术飞跃性发展,网络直播盛行,上海近年来也在大力发展红色资源文化产业这类形式的宣传。例如黄浦区通过网络招募挑战者的形式,向广大青年人发出邀请,"复刻"一次"时空之旅"的挑战,以视频或直播的形式使得广大青年人都有参与感,与挑战者一起完成一次与革命先辈们"跨时空的对话"。

革命历史类纪念场馆,首先是要把好基本陈列的导向关、政治关、史实关,增强展陈和讲解的准确性、完整性和权威性。关键要凸显革命文物、革命史料在基本陈列中的地位,坚持用史实说话、用事实说话,科学设计、合理编排,着力打造主题突出、导向鲜明、内涵丰富的精品陈列。其次,在解决好主题、导向、内容的基础上,要大力创新展陈方式,力争展陈形式与展陈内容相得益彰,力求展陈艺术和思想内涵有机统一,加强大纲撰写、形式设计、实物制作、展品布置,综合运用实物、照片、图表、模型、绘画、雕塑、景观、影像等多种形式,提升展陈水平。再次,要积极探索数字展馆、智慧展馆建设,利用互联网数字化手段,运用微博、微信及其他应用的移动客户端,对实体展出的内容进行全景式、立体式、延伸式展示,推广移动客户端导览服务,创建智能穿戴设备参观体验展区,打造红色数字家园,生动传播红色文化。

值得指出的是,在实际工作中,一些场馆由于缺乏充足的展陈文物、史料,存在滥用声、光、电等展陈手段,以虚拟影像作品代替文物史料展陈的现象。因此,也要适度运用声、光、电等现代科技手段,避免贪大求洋、奢侈浪费,过度追求形式化、娱乐化。

(三) 健全完善整合保障机制

上海市高度重视红色资源保护利用工作。目前,整体上已经构建了由党委领导、政府负责、部门协同、社会参与的工作机制,加强了对红色资源的整体性、系统性保护。在上海文旅局文物保护处下设有文物保护管理处(社会文物管理处),其主要职能是:负责不可移动文物保护和考古发掘工作,承担不可移动文物资源调查工作,指导不可移动文物的活化利用,承办市级文物保护单位的审核、世界文化遗产相关组织申报工作,负责文物拍卖、进出境和鉴定管理等工作。

"十三五"期间,上海在革命文物的保护利用方面先后制定实施了《关于实施"开天辟地——党的诞生地发掘宣传工程"的意见》《关于实施上海市革命文物保护利用工程(2018—2022年)的意见》《"党的诞生地"红色文化传承弘扬工程实施方案》等,持续加大对革命文物的保护力度。统计显示,这期间共修缮33处不可移动革命文物,投入资金约2.2亿元。革命文物传承弘扬和保护利用体系初步形成,展览展示水平和铸魂育人功能有明显增强。

上海红色文化资源传承利用的机制构建

上海红色文化资源传承利用的机制构建在内容上主要包括政府主导、媒介驱动、政策扶持、社会组织、群众参与和常态化文化认同等方面。在上海市"十四五"文物保护利用规划中,明确指出要完善革命文物传承弘扬和保护工作体系,用好红色资源、赓续红色血脉,充分发挥革命文物在服务全市党史学习教育、革命传统教育、爱国主义教育等方面的重要作用。具体举措有:

(1)夯实革命文物保护基础。推动省级红色资源保护利用地方性法规出台,建立党委领导下的市、区两级联席会议机制,统筹、指导、协调、推动红色资源保护利用工作。持续开展革命文物调查,分批公布革命文物名录,建立全市革命文物数据库。编制发布不可移动革命文物保护利用报告和保护指引,明确革命文物"保什么""怎么保""提升什么",指导全市不可移动革命文物保护利用发展方向。

(2)加大革命文物保护力度。落实全市革命文物安全网格化督查和联系制度。及时把新发现的革命文物依法核定公布为市、区两级文物保护单位或文物保护点。宣传、文化、文物部门管理使用的革命文物类文物保护单位应全部对外开放,悬挂保护标志,设立二维码或说明牌。建立全市不可移动革命文物修缮项目库,统筹推进全市革命文物的修缮保护。实施一批具有重大影响和示范意义的革命旧址保护修缮重大工程,显著改善革命文物保护状况。

(3)深化革命文物系统研究。围绕伟大建党精神和上海城市精神,集中开展党的创建史料及档案的发掘、整理、保护和出版工作。鼓励革命场馆、党史部门、档案部门、高等院校、科研机构等开展革命文物和文献档案史料保护利用研究。加大反映新时代发展成就的革命文物征集工作力度,探索正在发生的重大历史事件见证物的征集保护机制。

(4) 提升革命文物展示水平。全面提升反映党的创建史上重大事件、重要活动、重要机构、重要人物的旧址旧居、遗址遗迹的保护展示利用水平,策划、推介一批革命文物系列精品陈列展览。推动革命场馆联合推出史料丰富、学术权威的展陈项目,形成馆际协作、资源共享的工作机制。建设红色文化资源信息应用平台,鼓励引导革命场馆数字化转型,推动发展"'互联网+'展陈"新模式。

(5) 增强革命文物育人功能。运用革命文物资源服务"四史"学习教育宣传。鼓励革命文物走出场馆,走向社会、走进学校、走入课堂,形成馆校共建合作育人机制。推动革命场馆开发符合青少年认识特点的主题教育活动,形成一批场馆文教活动品牌。规划推出一批红色旅游精品线路,着力打造在全国具有影响力的红色文化旅游品牌。设计沉浸式场景化互动体验,让红色故事的传播方式实现从静态、单一向动态、多元的转变,增强红色文化传播效果。

可以说,上海市的"十四五"文物保护利用规划较全面地把革命文物保护好、管理好、运用好等方面的工作都考虑到了。但是,从革命文物的展示利用工程来说,打造史料丰富、学术权威、展示充分、功能齐全、启示深刻,集展示、宣教和研究于一体的革命场馆体系,与革命文物的红色文旅工程相结合,尤其是在充分运用全市的爱国主义教育基地及革命遗址遗迹等红色旅游资源,开展红色旅游进校园,推动大中小学生社会实践活动与红色文化旅游相结合等方面仍有大量工作要做。

另外,健全完善整合保障机制的工作尤为重要。具体来说,在法律法规机制的构建上包括:公布保护名录、突破部门界限创新管理体制;多渠道市场参与机制;公众参与的激励机制;重构新的传播范式机制、数字平台育人机制;融合创新机制;区域联动一体化利用机制;科学评估体系与长效机制等。同时,加大相关政策和资金支持。按照"分级管理和分级负担"的原则,应为上海红色文化资源开发利用设立专项资金,统筹多种方式,对红色资源保护、红色资源研究、红色资源的创新利用等加大扶持。与此同时,结合上海的实际情况,制定有关规范红色文化产品进入市场等方面的法律法规,为红色文化资源整合开发提供法律保障也很重要。在这方面,值得重视的问题有:

(1)加强组织领导。坚持党对文物工作的领导,进一步发挥各级党委在文物工作中总揽全局、协调各方的领导作用。严格落实地方政府文物保护主体责任,建立规划实施保障机制,强化重大任务、重大工程、重大项目的实施保障。加强市、区两级文物行政管理部门和专业机构力量,强化人员配置,保障文物事业发展。各区文物行政管理部门要谋划好本地区文物保护利用"十四五"整体发展,分解细化具体任务,制定年度计划,确保规划有效落实。

(2)强化联动协同。深化合作机制,加快推进社会文物综合管理改革试点,积极探索水下考古、博物馆改革发展等重点领域的先行先试。加强市级部门协同,增强文物部门与宣传、发展改革、公安、消防救援、教育、科技、财政、人力资源社会保障、商务、市场监管等部门之间的沟通协调,形成工作合力,研究、解决文物工作中遇到的困难和问题。加强市、区联动,市级层面要把握好全市文物工作的主导方向,加强宏观资源配置、空间规划布局、政策环境优化和基础条件配备;区级层面要按照全市战略目标和总体规划部署,结合本区实际,推动本区文物事业健康有序发展。

(3) 加强法治保障。大力推进文物法治建设,逐步建立更加完备的地方文物法治体系,深入推进依法行政,保障文物、考古、博物馆等文物事业发展。根据新修订的《中华人民共和国文物保护法》,适时启动《上海市文物保护条例》修订、完善工作。出台并贯彻落实《上海市红色资源传承弘扬和保护利用条例》。加强行政规范性文件制发管理,坚持做好合法性审核和备案工作,完善规划执行、评估的法规基础。

(4) 强化人才支撑。适应新时代文物事业发展需求,树立与时俱进、兼容并蓄的人才观。结合国家及我市重点人才项目,培育聚集一批以领军人才和中青年骨干创新人才为重点的高层次文物人才,加强考古、科技创新、文物鉴定、文物修复、文物展览等急需领域的人才培养,加快形成人才高峰效应。落实《关于深化文物博物专业人员职称制度改革的指导意见》,建立健全管理规范、评价科学、激励有效的文物人才体系。按照有关规定,对有杰出贡献的文物工作者予以表彰奖励。

(5) 完善监督考核。完善监测评估制度,强化对规划实施情况的跟踪分析,加强对指标完成情况、相关领域实施情况的评估。在规划实施中期和终期阶段,引入第三方评估,组织开展全面评估。严格规划监督考核,根据不同任务、工作重点,完善差别化的绩效评价考评体系,强化对重点任务项目完成情况的综合评价考核。

三、上海红色文化资源传承利用的路径探讨

红色文化传承利用需要建立开放的红色文化社会整体保护观,建立专业的保护管理机构,建立健全社会保护利用机制,加强高科技和红色文化的融合创新,明确政府为主导,企业、社会、公民个人及大众传播多元主体参与的社会共建保护利用机制,健全保护管理制度,完善法律法规体系,建设市场机制引导下的红色文化产业链和传播机制。

(一) 可借鉴的模式

一般说来,传承利用红色文化要充分考虑地方红色文化资源特点和现实情况,针对性地对地方红色文化内容进行整合,目的是进一步发展红色文化产业、促进红色文化宣传和加强红色文化教育,提升红色文化传承利用的效果。

1. "基地式"整合模式

所谓"基地式"整合,是指根据地方红色文化资源特点和现实情况,推进红色文化在内容上按照大中小型不同规模以及国家级、省级、县级等不同级别统筹规划建设红色基地。

推进红色文化内容"基地式"整合一般要注意以下几点:第一,在基地主体工程建设方面,应集中呈现基地的红色文化内涵,要结合红色基地的文物、历史、建筑、遗址遗迹的特点,设计并建立具有基地红色文化内涵的红色展馆、红色演播大厅、红色墙裙、红色走廊、红色陈列室、红色农场等;第二,在基地配套设

施建设方面,如道路设施、水电设施、通信设施、安防设施、休闲娱乐设施、餐饮住宿设施等,应按照实用性与艺术性相结合的原则,尽可能体现基地的红色文化内涵;第三,以红色基地为依托开展红色教育,包括策划红色基地游学活动、举办红色基地研修培训、开放红色基地展览展示、组织红色生活体验等,通过这些方式在实践中落实思想政治教育,对广大党员干部、学生和群众进行精神洗礼,立德树人。

2."线路式"整合模式

推进红色文化内容"线路式"整合,一方面要深化利用已有的、较为成熟的红色线路,如足迹遍及江西、福建、广东、湖南、广西、贵州、云南、四川、陕西等11个省份的红军长征线路;另一方面要积极打造新兴的红色线路,如贯穿"上海—长沙—韶山"的毛主席故乡线路,连接"北京—西安—洛阳"的红色古都线路等。

推进红色文化内容"线路式"整合要重视以下几项工作,为"线路式"整合奠定基础:第一,围绕这些红色线路积极开展线路上各个"点"的遗址遗迹、纪念设施、文物藏品的排查梳理,为"线路式"整合提供优质的内容;第二,围绕红色线路打通交通脉络,集合铁路、公路、水路以及自驾、骑行等多种交通方式,打造兼具便利性和观赏游玩性的交通线路;第三,以红色线路为基础进行统一规划,开展统一标识、统一配套设施、统一保护标准的整体建设,形成风貌统一协调的连续性红色文化线路;第四,根据红色线路的文物保存状况、环境风貌、开发程度、社会影响评价等综合情况,推出精品红色线路,开展"重走长征路""寻访毛主席故乡""重游红色古都"等大型活动。

在建党100周年之际,文化和旅游部发布《关于确定上海市中国共产党一大·二大·四大纪念馆景区为国家5A级旅游景区的公告》,确定中国共产党一大·二大·四大纪念馆成功创建成为国家5A级旅游景区。与中国共产党一大·二大·四大纪念馆景区相对应,上海已于2021年5月开出"中国共产党一大·二大·四大纪念馆红色专线车"。根据三个纪念馆的地理位置,红色专线车采用"旅游+交通"的运营模式,实行"定时、定点、定线"发车。专线车全程约90分钟、行程20公里,共设立五个站点,分别为五卅运动纪念碑站、中共一大纪念馆站、二大会址纪念馆站、四大纪念馆站和南京东路站。

可以说,一大·二大·四大纪念馆景区是上海推进红色文化内容"线路式"整合的有效案例,不过,运用这一模式在持续发挥红色资源的教育引导功能,不断拓展各区红色文旅体验新场景,持续提升各馆服务新能级,强化数字赋能新驱动,让红色文化亮色更鲜明,尤其是吸引更多的年轻人亲近红色文化、拥抱红色文化,激励观众们从红色精神血脉中汲取力量等方面,还有很多工作要做。

3."主题式"整合模式

结合地方的红色文化资源的实际情况,对其红色文化相关的文物、素材等内容,按照一定的主题进行整合,围绕选定主题,突出地方红色文化的特色性。具体来说,可以从以下两方面视角对红色文化内容进行"主题式"整合。

一方面,以重大历史事件为基础,如对辛亥革命、五四运动、抗日战争等重大历史事件以及这些重大历史事件中涵盖的具体事件进行主题整合。首先,要围绕相应主题开展遗址遗迹、纪念设施、文物藏品的排查梳理;其次,要按照主题鲜明、特色突出的

第三章 上海红色文化资源传承利用的问题思考

要求,多领域渗透红色文化内容,比如建设抗日战争主题公园,策划抗日战争主题系列展览展示,组织抗日战争主题人物评选活动,开展抗日战争主题文艺作品、影视作品大赛等;再次,将评选出的优秀主题作品在全国宣传,扩大影响力和教育范围。另一方面,以片区划分为基础,对大型红色遗址遗迹群、革命老区等红色文化资源富集地按照统一规划、统一设计、集中连片的原则进行主题整合。从全国来看,可借鉴的案例如涵盖瓦窑堡会议遗址、洛川会议遗址、南泥湾革命旧址、枣园革命旧址等在内的延安片区,以及包括遵义会议遗址、苟坝会议遗址、娄山关战斗遗址等在内的遵义片区,案例所在的片区有关部门正在量身打造延安精神红色文化主题、遵义会议精神红色文化主题,在此主题之下,具体开展当地红色文化传承利用相关工作。

红色文化资源的开发利用需要统筹考虑、全局规划,遵循整合重组、联合开发的科学思路和开发模式。

2016年,上海市测绘院编制了"微行上海"主题红色地图。该图为读者以健步走的方式参观红色景点,缅怀历史提供了路线参考。地图精心选取了部分位于中心城区范围内的"红色记忆"纪念地,从行者的视角,推荐白天和夜晚两种行走参观路线,带领读者用脚步丈量、用目光捕捉、用心灵感悟党的伟大发展历程、改革开放的辉煌成就,为更多单位或个人开展党员教育活动提供引导和参考。地图正面以示意图的形式展示了4条主推的健步走路线,结合图片文字对沿途红色景点进行了介绍,对路程大概的耗费时间和路线特色等作了详细说明。比如线路1从上海宋庆龄故居纪念馆出发,经过中国共产党代表团驻沪办事处纪念馆(周公馆),再到上海孙中山故居纪念馆,最后到中共一大会址纪念馆,全长约4.5公里,步行60分钟左右。体验者漫步于法国梧桐掩映的历史风貌区,闹中取静。

在这张地图的反面,还标注了上海市中心城区范围内一些标志性红色景点的点位,同时以索引的形式标示了相关点位的地址、联系电话、开放时间等。通过"红色地图",可以让游客从历史的"旁观者"变成"参与者"。通过按图索骥,或者自己探索出红色路线,可以让人们更好地了解、感受红色旅游的魅力,并切身体会到时代的发展和历史的进步。

2021年,上海发布了《上海红色文化地图(2021版)》,其中设计有"红色地标亮起来""红色文物活起来""红色故事响起来"三大行动版块,包括379处红色资源,有6条红色资源寻访路线,供游客深度体验,同时,还精选160余份可移动文物和70余份档案文献,推出12家出版单位发行的29种红色资源主题精品出版物,真正让旧址遗迹成为党史"教室",让文物史料成为党史"教材"。

此外,高等院校和研究机构也可以运用自己的科研优势,参加红色文化资源的产业化开发,使红色文化产业基地成为教学、科研与产业相结合的重要基地,形成产、学、研互为平台、互相促进的机制,建立"产学研一体化"的红色文化产业发展模式。在对红色文化资源进行联合管理方面,还可以采取"联合管理+协同发展+体系建构"等的模式进行开发利用。

作为中国共产党的诞生地、红色革命的发祥地,在联合管理方面,上海组织成立了党的诞生地发掘宣传工程推进小组,由市委宣传部、市委党史研究室、市教卫党委、市档案局、市发展和改革委、市财政局、市文广局、市新闻出版局、市旅游局、市社科院、市政协教科文卫体委员会等部门共同组成,实现了各部门间工作的横向联合管理。在协同发展方面,上海建立了红色文化宣传教育的协作机制和合作平台,针对分散的、隶属关系不一的22家革命纪念场馆及协会,组织形成上海红色文化宣传教育联盟,实现了场馆间的资源共享,优势互补。在体系建构方面,上海编制了全市革命遗址保护利用规划,制定出台《上海市革命遗址保护开发利用条例》,形成上海红色历史资源目录和专题数据库;同时建立相关历史文化风貌保护导则,提出对保护对象强化评估考核并实行土地全生命周期管理等一系列制度和实施机制。另外,在宣传方面,开发了红色资源App,深化"党的诞生地·一线一站"地铁文化长廊建设,创作了纪录片《诞生地》等红色文艺作品等。

(二) 基础平台建设

网络平台是红色文化传承利用的重要基础性平台。有不少的红色纪念馆开通了官方网站。通过官方网站,可以进行大范围内的精准宣传,让越来越多的人在线了解红色资源;一些热门的新媒体平台拥有比较稳定的流量,红色场馆也可以创建自己的新媒体账号,通过运行新媒体平台,吸引流量。

1. 建设红色文化网络阵地

在开发红色网络,创新发展红色文化传播手段方面,一是可以通过开发手机报,创建红色文化或红色历史App学习端,开设"红色箴言""红色历史""英雄人物"等常设栏目,传递最新最快的红色文化信息。二是开发红色网站,创建集趣味性、思想性和服务性于一身的特色教育网站。红色文化中蕴含的红色资源和精神财富,是用之不竭的教育资源。要尽可能地把珍贵的历史资料、历史遗迹图片和拍摄制作的红色影音视频上传到网上。同时要创新形式,满足不同群体的受众需求,采用诸如专题讲座、动画故事、红色电影和红色虚拟旅游等形式,创新、优化红色文化传播内容、传播模式,丰富主题网站功能,如"学习强国"平台,利用视频、新闻播报、理论、党史、电影、电视、专题考试、答题活动等鼓励党员通过学习提升理论素养,这可以说是红色文化传播的样板。在设计风格上,既要体现红色文化的意识形态倾向,又要兼具时代特色和地方文化特色。三是可以开发红色文化网络文学文化作品。如鼓励支持网络动漫企业和教育工作者进行合作,共同研发既反映红色文化特质又具备时代精神的网络动漫、网络游戏、动漫衍生品等网络文化作品,既传承红色文化,又可以挖掘潜在的市场效应和经济效益。

2. 整合红色文化传播的媒体资源

媒体的开发利用直接影响着红色文化传承的有效性和针对性。一是构建国家主流媒体为主、联合地方各级媒体的相互合作共建共享红色文化传播格局。弥补各地区社会和历史原因带来的红色文化资源发展不平衡问题,发挥各地区优势,整合红色资源,创建内容与形式俱佳的红色文化艺术作品,防止把控不严倒逼主流媒体,致使红色文化传播庸俗化、娱乐化。二是健全和完善新媒体技术控制和检测系统,加强利用技术手段过滤红色不良信息的能力,及时检测出不良信息并反馈给网站,建立红色信息实时监测和跟踪安全检测系统。三是加快建立和完善新媒体时代红色文化发展相关的法律法规,促进红色文化传承的法制化与规范化。

3. 打造"跨媒体式"的红色场馆信息传播平台

将观众吸引到场馆中来是馆方传播红色资源的核心行为,要想达到这一目标,必然要借助各类传播平台让观众知晓本馆及其红色文化。红色场馆在宣传本馆时具有跨媒体性,官方网站、官方微博、公众号等,这是馆方的常设宣发平台,构成场馆多维官网系统。这类平台在红色文化对内宣传尤其对外传播等方面具有不可替代的媒介作用,红色场馆官网应在内容文本国际语言化、服务便利度增强等方面充实和发展。

微信是官方网站以外获取信息更为便捷的一项数字平台及工具,可谓红色资源进入日常生活的有效传播工具。博物馆微信公众平台向公众呈现信息内容,一般来说由"公众号文章"和"进入公众号"等版块构成,前者属于较及时信息或通知,后者其实等于展馆服务号的常设版块,其内容大都属于展馆简介、参观导览、基本陈展等知识性信息。微信公众服务号体现出作为场馆概况即时了解及学习工具的复合型功用,可为红色资源开发及传播提供良好的人际传播平台。上海完善红色文化推广平台建设,可依托《上海红色文化地图》平台进一步拓展功能,平台内容与红色经典系列产品相结合,串联不同类型的红色资源,开发多种衍生功能,加大平台信息的传播力度。

(三) 展示利用创新

新理念、新方法、新技术的发展应用活化了红色文化资源的传承利用。2018年7月29日,中共中央办公厅、国务院办公厅印发《关于实施革命文物保护利用工程(2018—2022年)的意见》,提出建立革命文物大数据库,推进革命文物资源信息开放共享。近年来,国内多家博物馆、纪念馆等机构为保护和传承历史档案、文献资料等,开展了红色资源数字化保护利用工作。

全方位地挖掘红色文化的政治、经济、文化、社会和生态价值,扩大传承利用的领域,使其焕发新的活力,要综合运用各种传统与现代、静态与动态的传播手段,创新红色文化传播途径,进而拓展传承利用的形式,生动、直观、形象地将红色文化的物质和非物质形态呈现在受众面前,做到见人见物见精神。

1. 深化应用传统媒体传播红色文化

传统媒体在受众心目中仍然占据重要地位。相比新兴媒体,传统媒体具有较高的地位和权威性、官方性较强、内容优质、可信度高的优势。这使得传统媒体在今天这样一个多元化媒体共存的时代,仍然能起到引领舆论的关键作用。

深化应用传统媒体,发挥传统媒体的独特优势,引导红色精神成为社会主流价值观、红色文化成为社会主流文化。深化应用传统媒体包括两个方面内容:一方面,要进一步深化应用报刊、广播、电视、户外四大传统媒体。具体包括设置中央和地方的红色电视频道;开设专门的红色广播电台;创办各个级别的红色报纸和杂志;利用设置在户外的一些媒体展示宣传红色文化,如路牌、阅报栏、地铁、场馆广告牌、楼顶广告牌、出租车、公交车等。另一方面,要结合新技术新手段,进一步深化创新传统媒体的展示形式,比如地铁数字屏幕展示、楼顶和场馆数字广告牌展示、电子阅报栏以及网络报刊、数字电视、网络电视等的创新展现。

2. 融合运用新兴媒体,提升红色文化展示效果

近几年,随着信息技术不断发展,应运而生的各种新兴媒体

第三章　上海红色文化资源传承利用的问题思考

不胜枚举,如网络、博客、播客、微博、微信、QQ、IPTV、数字电视、手机媒体等。这些新兴媒体以其迅速快捷、时效性高、内容丰富的特点广受年轻人喜爱。

传承利用红色文化要紧跟时代步伐,注重提升展示技术的时代性,融合运用各种新兴媒体,不断开发和创新展示技术,以提升传播活力,增强传播效果。目前,各种新兴媒体都依赖于互联网技术发生作用,因此,融合运用新兴媒体展示红色文化,一方面要以互联网为中心融合其他新兴媒体进行优势整合,创新展示方式,比如网络直播、网络短视频、微信平台、微博、官方客户端等;另一方面要大力推进"互联网+"红色文化资源的展示模式,利用互联网对红色文化资源进行全景式、立体式、延伸式的展示宣传,引发全网关注、全民关注,最大限度扩大受众覆盖面,在网络平台点亮"红色文化"关键词,让红色文化更具影响力。

在展馆内,运用数字化手段,将展示信息作为展项中主要内容呈现,或利用大屏幕视频播放历史场景,或采取"场景复原+视频播放""投影+场景复原"等形式,都可以收到较好的效果。如鲁迅纪念馆中的《生命之路》纪录片,在展厅前段采用了大屏幕播放形式,不少观众不由得驻足观看;四行仓库抗战纪念馆、淞沪抗战纪念馆中也有多处战争场景呈现。另外,动画是比较受欢迎的一类视频形式,可很快使观众了解史实、增强学习兴趣。例如四行仓库抗战纪念馆、左联会址、劳动组合部旧址中相关动画播放等都有较好的互动效果。

3. 综合利用现代展示技术,增强红色文化传播内容的感染力

全息影像技术、互动投影技术、沙盘活化技术、AR(增强现

实)、VR(虚拟现实)、虚拟漫游、环幕影院等现代展示技术的发展和普及,为红色文化展览和展示提供了新手段,为提升红色文化传播内容的感染力开辟了新思路。

红色文化展览展示要在传统的听解说、看实物、观图片的展览手段基础上,综合运用各种现代展示技术,以提升红色文物、红色遗迹、红色故事等红色文化资源的展示水平,生动呈现革命战争年代和社会主义建设时期那些可歌可泣的红色故事,让红色文化在各类展示中"活"起来。一方面,要利用现代展示技术打造"沉浸式"参观体验,通过特定场景还原让受众身临其境,切身体会那些动人的情感、伟大的精神和不可磨灭的意志,增强红色文化展示的表现力,提升红色文化传播内容的感染力;另一方面,要利用现代展示技术打造"互动式"参观体验,通过互动环节设计和互动游戏让受众参与其中,在自我实践中自觉地接受红色教育,进而增强红色文化传播内容的感染力,更好地传递红色精神。

需要指出的是,新媒体时代,红色文化的传承和保护不能只是技术层面的"器",教育子孙后代,要把它作为重要的物质和精神文化遗产传承利用之"本"。以学校为例,要把红色文化的传承渗入各类课程尤其是人文哲学类课程中去,通过开展话说英雄人物、红色知识竞赛、家乡红色历史情景剧、微电影以及开展红色文化调查、红色人物研究的学者走进学校等丰富多彩的形式,润物细无声地开展红色文化教育。红色文化场馆、学校、家庭、企业与社会协同育人,才能共同为我们的子孙后代托起一片"红色星空"。

第三章 上海红色文化资源传承利用的问题思考

参考文献

[1] 安新丽.红色文化传承要正确利用好红色文化资源[J].河北省社会主义学院学报,2018(3).

[2] 方涛.伟大建党精神的三维审视[J].中共石家庄市委党校学报,2022(11).

[3] 贺旭等.红色文化资源利用中存在的问题与对策——以湖南省为例[J].决策探索(下),2021(6).

[4] 胡奕爽,童本勤.红色文化资源保护利用规划策略探讨[A].中国城市规划学会编.共享与品质:2018中国城市规划年会论文集[C].北京:中国建筑工业出版社,2018.

[5] 李亚,汪勇.论红色文化传承利用路径的优化[J].老区建设,2021(4).

[6] 潘伟玲.上海市红色文化场馆开展宣教工作的突出问题及其对策[J].中国纪念馆研究,2019(2).

[7] 阮晓菁.传承发展中华优秀传统文化视域下红色文化资源开发利用研究[J].思想理论教育导刊,2017(6).

[8] 万生更.新陕西红色文化资源开发利用中存在的问题及解决对策[J].价值工程,2012(11).

[9] 王春颖.反思与守望:皖北红色文化传承与发展的问题与对策研究[J].通化师范学院学报,2019(11).

[10] 吴宁,孙鲁.上海红色文化资源的形成、图谱和意义[J].红色文化资源研究,2019(12).

[11] 颜维琦,曹继军.上海:红色文化述初心[N].光明日报,2018-11-01.

[12] 颜维琦,曹继军.上海:红色文化熠熠生辉[N].光明日报,2021-08-30.

[13] 张宏宇.上海红色文化的传播现状及创新策略研究[D].上海:华

东师范大学,2018.

[14] 张军等.解决红色文化传承困境的对策[J].党政干部学刊,2019(5).

[15] 张泰城等.红色资源研究综述[J].井冈山大学学报(社会科学版),2013(6).

[16] 赵李娜.交互、沉浸与内化:上海红色场馆文化资源数字化开发利用现状调查[J].荆楚学刊,2021(6).

第四章
上海红色文化资源利用共享的数字平台

红色文化不仅是极具中国特色的先进文化,更是中国共产党领导人民群众进行革命、建设和改革开放过程中形成的以马克思主义中国化为核心的珍贵历史遗产。习近平总书记指出:"历史文化是城市的灵魂,要像爱惜自己的生命一样保护好城市历史文化遗产","要把红色资源利用好、把红色传统发扬好、把红色基因传承好"。上海是中国共产党的诞生地,党的一大、二大、四大都在上海召开,历史上许多重要的党史事件也发生在上海。上海作为中国红色文化的发源地,有着丰富的承载着红色文化的纪念馆、景点、遗址、书籍、手稿、档案和照片等资源遗存。对于这些红色文化,我们不仅要继承好、保护好、管理好,更要开发好、利用好。

一、上海红色文化现有的数字资源

党的二十大提出了加快构建新发展格局,着力推动高质量发展,建设"数字中国"的战略部署。为落实加快数字化发展、加快完善数字基础设施,推进数据资源整合和开放共享的总要求,上海市出台了《关于全面推进上海城市数字化转型的意见》和《上海市全面推进城市数字化转型"十四五"规划》。2022年3月18日,上海市人民政府办公厅又印发了《上海城市数字化转型标准化建设实施方案》。包括红色文化资源在内的上海城市的数字化建设进入了新的历史时期。

(一) 整体现状

上海的红色文化资源相对集中。早在2005年,上海市委宣传部、市委党史研究室等部门就开始联手系统性地发掘梳理上海的红色文化资源。2018年7月1日问世的《上海红色文化地图》,集中标注了上海确认的387处红色文化资源。而在当年6月30日召开的第二届"上海:党的诞生地"学术研讨会上,上海师范大学都市文化研究中心主任苏智良教授发布调查研究信息,基本确认的上海红色纪念地有望达1 000处。

根据上海文明网发布的相关数据,截至2021年3月,上海已经确认的革命遗址遗迹总数有657处,其中革命遗址456处,国家级文物保护单位7处。

从规模数量上看,相关数据统计主要包括红色纪念馆、名人故居、烈士陵园和革命遗址遗迹四种类型。其中,与党的活动直接相关的革命遗址共有456处,占上海革命遗址遗迹总数的69.41%。在这456处遗址中,重要历史事件和机构旧址就有174处,占38.16%;重要历史事件及人物活动纪念地190处,占41.67%;革命领导人故居21处,占4.61%;纪念设施50处,占

10.96%;烈士墓 21 处,占 4.61%(如图 4-1 所示)。其他遗址 201 处,占上海革命遗址遗迹总数的 30.59%;可移动革命文物总计有 10 万余件。

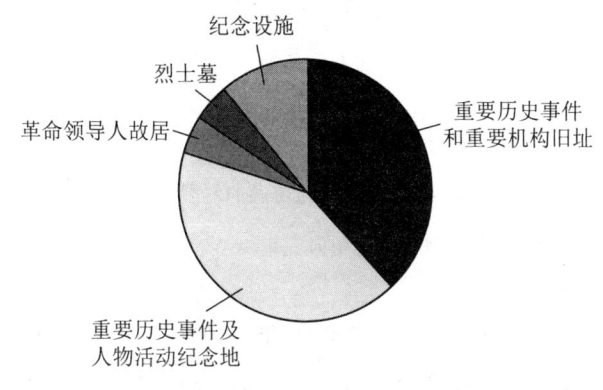

图 4-1 上海红色资源的主要类型

图片来源:中共上海市委党史研究室。

从时间维度上看,上海红色文化资源横跨五大发展时期:从中国共产党建立与大革命时期、土地革命时期、抗日战争时期、解放战争时期以及中华人民共和国成立之后。在 456 处与党的活动直接相关的革命遗址中,党的创建与大革命时期 71 处,占 15.57%;土地革命战争时期 166 处,占 36.40%;抗日战争时期 93 处,占 20.40%;解放战争时期 66 处,占 14.47%;中华人民共和国成立后兴建的设施 60 处,占 13.16%(如图 4-2 所示)。

从空间分布上看,上海市中心城区是中国共产党在上海活动的主要区域,因此上海市区的红色文化资源分布较为集中,数量较多。其中又以黄浦区、虹口区、杨浦区、静安区以及徐汇区

上海红色文化资源传承利用的机制构建

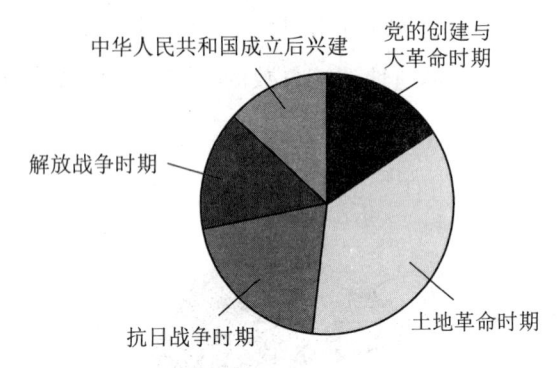

图4-2 上海红色资源的发展时期

图片来源:中共上海市委党史研究室。

的红色遗迹资源最为集中。据统计,黄浦区的红色革命遗址总计125处,占上海市遗址总数的19.03%;虹口区的红色革命遗址总计92处,占上海市遗址总数的14.00%;杨浦区的红色革命遗址总计83处,占上海市遗址总数的12.63%;静安区的红色革命遗址总计57处,占上海市遗址总数的8.68%;徐汇区的红色革命遗址总计43处,占上海市遗址总数的6.53%。相比于市区,上海郊区的革命遗址分布较散,相对数量也较少。其中较为集中的有崇明区、宝山区、闵行区和青浦区。崇明区的革命遗址总计43处,占上海市遗址总数的6.54%;宝山区的革命遗址总计28处,占上海市遗址总数的4.26%;闵行区的革命遗址总计18处,占上海市遗址总数的2.74%,青浦区则与之相同(如图4-3所示)。此外,由于上海文化还与江南文化和海派文化紧密相连,上海的红色文化资源还呈现出开放性、系统性和完整性等特点。

随着信息技术的发展,数字化已然成为驱动经济社会发展

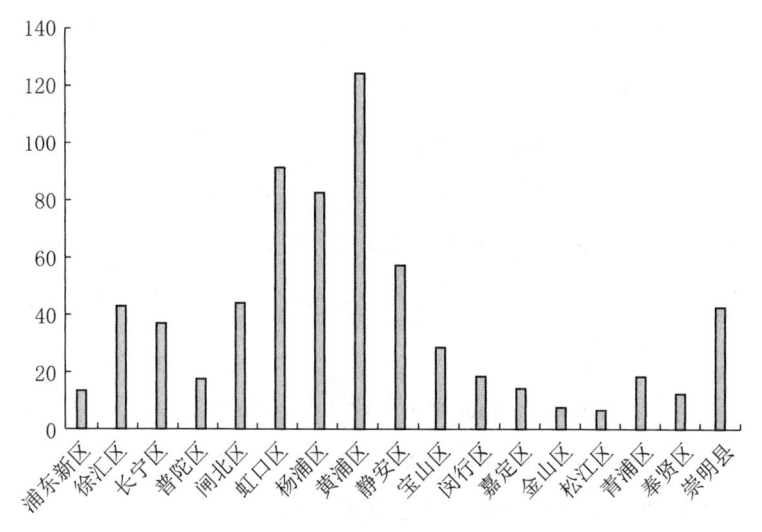

第四章 上海红色文化资源利用共享的数字平台

图 4-3 上海红色资源的区域分布

图片来源:中共上海市委党史研究室。

变革的重要力量,红色文化资源数字化也成为时代潮流。近年来,党和国家大力号召利用数字技术开发利用红色文化资源。中共中央办公厅、国务院办公厅印发的《关于实施中华优秀传统文化传承发展工程的意见》《关于实施革命文物保护利用工程(2018—2022年)的意见》等文件中明确指出要扎实推进红色文化资源数字化,强调要切实做好"革命文物资源目录和大数据库,适度运用现代科技手段,增强革命文物陈列展览的互动性和体验性","融通多媒体资源,推进'互联网+'与革命文物的结合,对革命文物进行全景式、立体式和延伸式的展示宣传"。

开展红色资源的数字化保护、利用就是运用数字技术对红色资源进行采集、整理、研究、展示、传播等活动,增强红色资源的表现力、传播力和影响力。在互联网、融媒体、新媒体及全媒体等新兴数字媒介技术日益发达的今日,红色场馆都在积极应用这些信息技术为自身文化传播和IP化作出努力尝试。同样,作为技术发展前端"智慧型城市"的上海,依靠其地理位置和资源储备等方面的优势,运用数字化技术不断加大对上海红色文化资源的开发和利用,并已经在公共文化服务数字化方面取得了一系列的成果。

2020年,上海正式推出线上线下相结合的《上海红色文化地图(2020版)》。这次线下纸质版红色地图通过彩色版画、棕色线画和经典白描等手段对原有的红色资源的图片进行了艺术化的处理,图文并茂地介绍了红色旧址、纪念设施和革命遗址这三类红色资源的空间分布和基本信息。而线上地图则由移动端电子地图和H5图文介绍页面组成,全方位介绍了红色文化资源的地理位置及历史变迁等信息。次年又推出了更加完善的《上海红色文化地图(2021版)》。地图的版式设计采用了主图和附图相结合的形式。主图不仅标注了379处红色资源的点位,还印制了100个重要点位的照片。附图的正面设计了6条红色文化资源寻访的路线和交通方式,背面则推荐了对外展示开放的红色场馆、旧址。而线上的电子地图则提供对具体位置的定位和显示,并可分区域查询部分红色文化资源的信息,较大提升了红色文化资源的可利用性(如图4-4所示)。可以说,上海红色文化地图的推出使得上海红色文化资源变得集成化、电子化,上海红色文化朝着社会群体共享迈出了重要的一步。

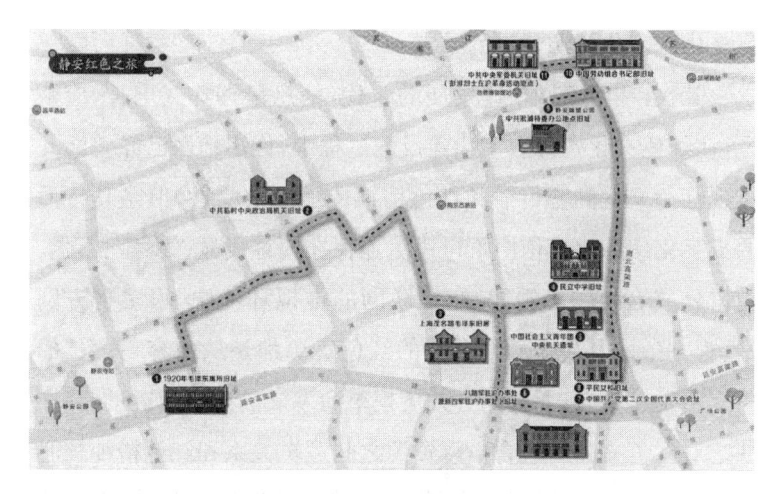

第四章 上海红色文化资源利用共享的数字平台

图 4-4　上海红色资源地图示例

图片来源：上海市文旅局。

（二）红色文化资源数字传播的问题

目前国内对于红色文化资源的数字化建设虽然取得了一定的进步，但是仍存在很多不足。许多地方仍旧有红色文化资源开发、保护和利用难的问题，红色文化在传承和弘扬上也受到了一定的制约。

1. 内容的碎片化

首先，在数字化层面，上海在红色文化资源的开发、保护与利用上取得了显著成效，但仍存在一定的不足。例如，提到红色资源数字化，大多数人主要还是关注数字化的技术实现和数字化设计建构的外在形式，很少有人关注到这些数字化信息内容应该如何实现红色文化精神的承载，这就导致了数字化建设过程中形式大于内容的问题。与多数人关注的焦点恰恰相反，数字化的信息内容如何呈现红色文化、传递红色精神应该成为红色文化数字化资源建设的重点。

其次,在互联网快速发展的时代,信息呈爆炸式增长,应该说,在红色文化资源数字化建设的过程中,许多地区已经关注并重视红色文化内容传播和红色精神传承的重要性,但是其传播的数字化信息内容依旧不可避免地存在内容浅显、关联性不强、逻辑分散等问题。例如,在互联网的虚拟环境中,很多官方网站、官方微博及公众号平台上的红色资源都是从内容"关系"的角度出发,以信息罗列的方式展现革命发展的历史,其往往存在缺乏对红色文化所包含信息资源之间逻辑关系和红色精神核心的深入描述这一缺陷。这种信息碎片化获取、浅阅读的方式使人们沉浸在海量的碎片信息中,很难深入地记住平台旨在传播的红色文化内容和红色精神的核心。在信息快餐已经成为线上平台信息传播主要方式的大背景下,这种利用零碎时间向使用者推送"短、平、快"学习内容的全媒体、数字化的传播方式会使红色文化的内容被割裂,整体被分解成碎片。而红色文化的话语权被解构,人们对平台传播的红色文化的内容只作停留在信息表层的简单浏览,缺乏深入分析。

与此同时,海量的信息也会使红色文化的整合能力受限。诸多碎片化的信息会让大众始终处于被动接收的状态。大众对平台传播的信息难以进行有效的筛选,也无法实现深层次的融会贯通。中国的红色文化是由复杂的历史事件、立体的英雄人物、曲折的演进过程等逐步发展起来的。但在网络信息传播的过程中,利益主导的文化经济在很大程度上只能展现红色文化的部分片段,这就会导致受众在网络上无法获取完整、全面的红色信息,无法接受系统、有序的红色文化熏陶。这种线上平台传

第四章　上海红色文化资源利用共享的数字平台

播所造成的信息碎片化问题不仅会使人们对经典革命历史发展脉络的了解碎片化,影响红色文化传播的完整性,还可能会导致受众对历史事件、英雄人物以及党的奋斗历程的认知产生偏差,曲解红色文化的内在逻辑。

2. 传播的效果弱化

作为进行意识形态建设的重要内容,红色文化传播主要应由政府及相关部门专门负责,但是在网络信息技术高度发展的背景下,由传统媒体主导信息传播的接受方式被颠覆,红色文化的传播出现了大众化、全民化的趋势。

一方面,自媒体平台的出现使得传统主流媒体主导的信息传播中心体系被解构,用户可以不受时空限制进行创作,表达自己的思想观点。例如,抖音平台主打"记录美好生活",快手短视频推出"遇见每一种生活",等等。这些自媒体平台鼓励人们进行创作,赋予个人发声的权利,却难以真正保障内容创作的质量。在这些繁杂信息中,更多是所谓的"标题党"博人眼球,很少有实质性的内容创作,红色文化资源在网络平台上的传播遭遇前所未有的危机。

另一方面,去中心化的特征使得网络信息平台上的作品数量呈直线增长,这就加大了自媒体平台审核作品的难度。此外,很多自媒体平台的审核机制不严且存在一定的漏洞,其对传播内容的质量把控问题就会导致任何一条信息都有引发舆论的可能,这会对红色文化的传播造成不良影响。例如,曾经有些微博知名大V利用其账号发布诋毁、嘲讽英雄烈士的信息,相关内容不仅在微博上迅速发酵,还对社会造成了恶劣的影响。不经过严格审核就进行传播的内容会导致网络平台上出现不实言论,甚至出现公然挑战公序良俗的内容,这会弱化红色文化以史育人、以文化人的功能。

3. 传播的渗透力不足

不同于传统媒体,网络平台的发展使得信息交互出现了开放、共享、实时等新态势,但也使得红色文化在传播过程中出现了边缘化的现象。

首先,网络媒体下的信息交互使得善打"擦边球"的灰色文化得以蔓延,这会对红色文化的传播造成负面影响。灰色文化借由主流元素夹带冲击社会价值观的内容,并想借此获得人们的认同,掩盖事情本质,这会使得人们对红色文化产生认知偏差。同时,灰色文化中往往含有大量消极负面的内容,这也会对红色文化的传播造成冲击,影响甚至瓦解红色文化的传播效果,导致红色文化一步步地被边缘化。

其次,网络媒体也会基于个体偏好,利用平台大数据和算法机制来强化大众选择性的接触心理,从而形成具有高度排他性的"信息茧房"和"过滤气泡",使受众注意力排除多元内容而集中于单一信息,形成个性化世界。同时,这也会导致受众信息视野狭窄、立场观点固化。目前,我国红色文化在网络媒体传播中渗透力仍旧不足。在全民大数据的背景下,信息平台发展沉浸式体验,就会出现用户偏爱某一方面内容,平台推送机制仅仅向其推送某一方面内容的现象,这会造成红色文化传播链断裂。目前,从我国红色文化在传播过程中出现的某些边缘化现象可以看出,红色文化在网络平台传播过程中还存在互动性不足的问题,受众对于红色文化的接收大部分都处于被动接受的状态,未能形成完整的学习闭环,这也给灰色文化留下了乘虚而入的空间,导致红色文化在网络传播过程中被排斥。因此,在网络媒体传播的过程中红色文化因互动性不足而缺乏吸引力,容易出现边缘化现象,导致其自身的思想价值遭到质疑和弱化。

4. 传播有商业化倾向

在网络媒体时代,红色文化可以通过不同的形式演绎出来,并赋予自身鲜明的时代活力。但在红色文化资源开发的过程中也逐渐出现了红色资源无规制性使用的问题。

一方面,资本的逐利性致使红色文化在传播过程中呈现出鲜明的商业化趋势。红色文化在以现代多媒体传播方式为载体传播时,也有逐渐向享乐主义、消费主义妥协,内容空洞浅薄毫无营养的倾向,甚至还出现了以调侃、戏谑等低俗方式进行红色文化传播的现象。马克思指出:"一旦有适当的利润,资本就胆大起来。"利益获得者在资本和市场的运作下以红色文化为营销噱头并进行层层包装,逐步将红色文化推向商业化的风口,满足其变现需求。

另一方面,对于红色文化过度的商业开发也会逐渐消解红色文化的影响力,瓦解人们对红色文化的价值认同。尼尔·波兹曼(Neil Postman)在《娱乐至死》中指出,"一切公众话语都日渐以娱乐的方式出现,并成为一种文化精神。我们的政治……都心甘情愿地成为娱乐的附庸……其结果是我们成了一个娱乐至死的物种。"网络媒体对红色资源的过度开发也导致了红色经典的变味变质。例如,2020年抗战剧《雷霆战将》引来质疑。创作者为了吸引年轻受众,把青春偶像剧的外衣套在抗战题材中,将本应严肃认真的红色文化教育过度商业化。资本运营逻辑下的红色资源开发有蚕食红色文化精神内核的倾向,有时甚至不惜挑战主流价值观，致使红色文化处于消极的传播环境之中。这不仅危害了大众的审美品位，也会引导受众的思考趋于浅薄。

（三）有效利用数字化传播的代表性纪念馆

上海作为中国共产党的诞生地、中国工人阶级的发祥地和改革开放的前沿阵地，历史上许多重要的党史事件都在这里发生，其拥有非常丰富的红色文化资源。在上海的红色文化资源传播利用方面，目前已经进行了卓有成效的数字化建设工作，例如，上海中共一大、二大、四大和陈云纪念馆等红色革命旧址在其官方网站上设置了基本陈列的图片导读、利用VR全景技术设置了网上数字纪念馆等展示平台，这些都为大众学习红色文化提供了极大的便利。

1. 中共一大会址

中国共产党第一次全国代表大会会址，位于上海市黄浦区兴业路76号（原望志路106号）。中共一大会址于1959年5月26日被上海市人民政府公布为上海市文物保护单位，1961年3月4日被国务院公布为全国重点文物保护单位。中共一大会址纪念馆于1997年6月被中央宣传部公布为全国爱国主义教育示范基地，2003年1月被上海市人民政府公布为上海市爱国主义教育基地。中共一大会址原楼于1920年夏秋间建，与左右紧邻4幢同类房屋同时建成，属贝勒路树德里（今黄陂南路374弄）一部分。为上海典型石库门式样建筑，外墙青红砖交错，镶嵌白色粉线，门楣有矾红色雕花，黑漆大门上配有铜环，门框围以米黄色石条，门楣上部有拱形堆塑花饰。原有楼房共两排9幢，一上一下，砖木结构，坐北朝南。其中南面一排5幢房屋沿兴业路（原望志路）。会址即在西首两幢。北面一排4幢在黄陂南路（原贝勒路）树德里弄内。全部占地面积600平方米，建筑面积约900平方米，均按当年外貌原状修复。纪念馆西侧的新馆外观与旧建筑风格保持一致，占地面积715平方米，建筑面积2 316平方米。专题陈列室面积460平方米，分上下两层。展厅采用多功能金属展柜，可自由组合，能满足临时展览各种的要求。

中共一大会址网站设有"首页""关于本馆""展览陈列""馆藏文物""公共服务""宣传教育""研究园地""周公馆"等8个栏目，运用文字、图片、影音资料等多种形式，生动全面地反映了一大会址的概况。其中，在"展览陈列"栏目下还专门开设了"数字纪念馆"专栏，观众可以直接点击链接，根据箭头指示进行基本陈列的数字信息参观。

2. 中共二大会址

中国共产党第二次全国代表大会会址，位于上海市静安区老成都路7弄30号（原南成都路辅德里625号）。中共二大会址于1959年5月26日被上海市人民政府公布为上海市文物保护单位；在2001年庆祝建党80周年之际，静安区委、区政府对中共二大会议旧址进行修复，并于次年建立纪念馆，正式对外开放。2003年中共二大会址又被公布为上海市爱国主义教育基地；2008年静安区委、区政府再次对纪念馆进行修缮，并于2009年元旦竣工，免费对外开放。同年5月其又被中宣部公布为全国爱国主义教育示范基地。2013年3月，中共二大会址被国务院公布为第七批全国重点文物保护单位。2017年正值中共二大召开95周年，纪念馆在对原址进行修缮的同时也将原有的基本陈列进行了提升。纪念馆以"紧扣主题、依托史料、贯穿主线、多元叙事"作为新展策划的指导思想,在原展厅布局基础上进行结构调整,优化陈列,扩大规模,力求打造成"石库门里的纪念馆""红色之源中心城区的地标"。

修缮后的中共二大会址纪念馆为两排东西走向的石库门里弄住宅建筑,砖木结构,完整保留了1915年始建时的建筑风貌,增强了展厅仪式感,还原了石库门风貌,并首次将人民出版社旧址360度全景展示。新馆展区由"序厅""中共二大展厅""中共二大会议旧址""党章历程厅""平民女校旧址展厅"五个展区组成,展出珍贵史料300余件。新馆的展陈风格庄重大气、巧中见精,通过人机互动的展陈方式和多媒体展示等交互手段,增设巨幅LED显示屏,AR增强现实技术使党史知识传播更为深入浅出,丰富和提升了观众的参观体验。向世人诠释了一个兼具地域特色与文化内涵的"石库门里的纪念馆",真实再现了中国共产党创建初期的峥嵘岁月。

中共二大会址纪念馆的网站目前已经开通,其微信公众号版块主要有三个:"走进二大""展览资讯"和"参观互动"。"走进二大"里面有"展馆介绍""基本陈列""党章专题""平民女校""服务须知"等内容;"展览资讯"里面有"热点报道""馆务公告""线上展览""往期回顾"等内容;"参观互动"里面有"互动问答""拼图游戏""观众感言"等内容。在"线上展览"版块中,正在展出的内容有"不忘初心——马克思主义在中国早期传播"等,观众可以直接点击阅读查看,灵活方便。

3. 中共四大会址

中国共产党第四次全国代表大会遗址位于上海市虹口区东

第四章　上海红色文化资源利用共享的数字平台

宝兴路254弄28支弄8号处,1987年11月17日被上海市人民政府公布为上海市纪念地点。2007年10月,上海市文物管理委员会、虹口区人民政府设立了中共四大遗址纪念保护标志。中共四大纪念馆的建筑面积为3180平方米,可使用展览面积约1500平方米。

中共四大原址当年的房屋已于"一·二八"事变中毁于战火。2006年,虹口区政府在多伦路215号建立了186平方米的中共四大史料陈列馆。而异地重建的中共四大纪念馆,一方面将弥补中共四大史料陈列馆规模较小的遗憾,另一方面还将弥补中华人民共和国成立前在国内召开的6次代表大会唯有四大没有建立正式纪念馆的遗憾。2021年5月,在经过大半年的修缮后,石库门元素贯穿了整个展览路线,还原了当时会场周边老上海里弄的风貌,为观众营造了沉浸式观展体验。比如在展示的过程中大量使用路面、墙体等里弄元素,并且结合多媒体互动技术,实现"智慧"场馆。例如,AR增强现实技术、多媒体投影动态展示、图像识别、一键切换、雷达互动捕捉等数字技术能够更好地提升观众在观展过程中的互动性、参与性与趣味性。

中共四大会址的网站设有"首页""本馆概况""最新动态""展览陈列""宣传教育""研究园地""服务指南"等7个栏目,其运用文字、图片、影音资料等数字化资源多种形式,生动并全面地反映了中共四大会址的整体概况。在"展览陈列"栏目下专门列有"数字展"版块,正在展出的专题有"根基血脉·力量之源——党的群众路线百年历程图片史料展"等,观众可以直接点击观看。

4. 陈云纪念馆

陈云故居暨青浦革命历史纪念馆位于上海市青浦区练塘镇

朱枫公路3516号。陈云故居于2002年4月被上海市人民政府公布为上海市文物保护单位。陈云故居暨青浦革命历史纪念馆于2001年6月被中央宣传部公布为全国爱国主义教育示范基地；2003年1月被上海市人民政府公布为上海市爱国主义教育基地。陈云纪念馆是经中央批准建立的全国唯一系统展示陈云生平业绩的纪念馆。它是在中共上海市委的直接领导下,在中央有关部门的关心、指导下,在"陈云故居"和"青浦革命历史陈列馆"原址的基础上,于陈云同志诞辰95周年之际建成并开馆,且由江泽民同志题写了馆名。2005年6月8日陈云同志100周年诞辰之际,陈云铜像在纪念馆落成,江泽民同志为铜像题词。陈云纪念馆总占地面积52亩,建设内容包括纪念馆主体建筑和附属设施两部分。纪念馆主体建筑占地39亩,由主体部分及辅助设施两部分构成,为地下一层,地上两层,总建筑面积5500平方米,其中地上部分3500平方米,地下部分2000平方米。主体建筑前为广场,广场正中设陈云同志铜像,广场两侧设长廊和水池。整个建筑的造型传统,将故居与民宅融为一体,体现了江南水乡小镇独具韵味的特色。但其又并非简单地复古,它既有现代感,又融入了地方历史文化的深刻内涵,在外观上达到了形式与内容的完美统一。设计者用建筑语言反映出陈云的个性,真切地再现了陈云诞生和青少年时期的成长环境,充分体现出陈云一生平易近人,朴实高洁的精神风貌。

2005年为纪念陈云100周年诞辰,由共青团中央、中共中央文献研究室联合主办,团中央信息办、中央文献研究室信息中心和中青网承办的"陈云纪念馆"网站开通。网站设有"生平简介""大事年表""著作选载""纵论评弹""论青少年""手迹手书"

"音容笑貌""评论研究""回忆怀念""相关报道""纪念场所"和"影音作品"等10多个栏目,运用文字、图片、影音资料等多种形式,全面地为我们介绍了陈云伟大光辉的一生。

二、红色文化数字化公共服务平台

习近平总书记在党的十九届六中全会精神专题研讨班开班式上发表重要讲话时强调:"要用好红色资源,加强革命传统教育、爱国主义教育、青少年思想道德教育,引导全社会更好知史爱党、知史爱国。"红色文化资源是我们党艰辛而辉煌奋斗历程的见证,是最宝贵的精神财富。构建红色文化数字教育公共服务平台的开发是红色文化资源保护、管理、利用的重要方式。

(一) 基本功能

随着大数据、5G、虚拟现实、增强现实、3D影像等的广泛运用,数字技术不仅能有力地促进红色文化资源"活起来",还能赋能红色资源的整体性保护和传承。

1. 有助于提升红色文化资源的预防性保护

随着时代的发展和环境的变化,红色文化资源容易受到各种因素的影响,甚至遭到破坏。而3D扫描等数字技术的发展,使得我们可以通过对红色建筑、文物等资源数据进行提取扫描,让红色文化资源"定型"在某种状态,获得精确的空间坐标数据,进行数字化留存,实现永久的预防性保护。一旦有现实需要,比如因意外发生红色资源损毁,就可以将这些数据输入特定系统,再使用3D打印机获取1∶1的实物模型,并用实物模型补足损毁部分,对红色文化资源进行数字化重建。

2. 有利于推动红色文化资源的协调性保护

红色文化资源受所涉及的历史事件和人物、场景大小、地理位置等因素影响,在知名度和承载能力上往往有较大差异,所以红色文化资源的分布与社会需求之间经常出现不协调的问题。例如,每逢清明节市区一些公墓的预约一票难求,郊区的一些公墓则相对冷清,这就导致红色文化资源的保护与利用"冷热"不均。在管理过程中,不同红色文化资源的保护级别也有所不同,各地政府财政收入状况的差异导致保护投入的差异也较大。因此,红色文化资源保护情况十分复杂。如果将红色文化资源进行统一的数字化储存与展示,既可以形成一致的保护方式和整体的费用投入,也有利于相关部门在线上整合"冷门"资源,促进红色文化资源的协调性保护。

3. 有利于丰富多种多样的红色宣传方式

目前来看,大部分红色文化资源的宣传展示主要还是依托文物、图片、文字等方式,难以生动有趣地讲述红色文化资源所蕴含的"前世今生"革命故事,更难以将其背后丰富的红色文化传递给人们。而数字技术的发展为红色文化资源的宣传提供了新载体和新平台。如今,新媒体平台已经成为人们获取信息、休闲娱乐、社会交往等方面的重要渠道。适应数字技术的发展,合理利用新媒体,不仅有利于深入获取红色文化资源的基因密码,还有利于红色文化资源在现代传播方式下的传承与创新。

4. 能够提供身临其境的红色沉浸式体验

红色文化资源可以借助数字化的展示手段从档案馆里的资

料、博物馆的展陈中"走"出来,使自身的文化形象变得立体。使用数字化技术来展示红色文化的内容不仅能够充分调动参观者能动性,实现良好的参与和互动,还能让参观者有沉浸式的体验,从而对红色文化形成全面而深刻的认识。在红色文化资源的数字化展示中,我们可以运用多样的多媒体展示手段,如投影沙盘、多点触摸、增强现实、全息影像、虚拟讲解员、幻影成像、多媒体故事墙、互动走廊、虚拟漫游等,将一个个红色故事、英雄人物立体化、生动化,以最直观的方式将革命文化展现得淋漓尽致,使参观者在沉浸式的视听体验中接受红色精神的洗礼。

5. 有利于创造生动有趣的红色文化教育方式

红色文化资源蕴含着红色基因,红色基因需要一代一代传承下去,才能更好地为社会主义事业培养合格的建设者和可靠的接班人。最近,红色主题的电影、电视剧在青少年中备受欢迎,说明红色文化也可以很有吸引力,关键在于有效的传播方式。据《青少年蓝皮书:中国未成年人互联网运用报告(2023)》显示,未成年人互联网普及率几乎饱和。而据中国互联网信息中心发布的报告显示,全国互联网普及率仅达到76.4%;未成年人触网低龄化趋势明显,10岁以前首次"触网"的未成年人占比达52%,较上年提高7.4%。青少年"数字原住民"的特征越发明显,其已经习惯于从数字化世界中汲取知识。红色文化资源只有"进驻"到数字化世界里,在网络上创造出生动有趣的红色文化教育产品,才能吸引青少年的关注,让红色文化资源有效地传承下去。

(二) 内容要求

近年来,我国互联网迅猛发展,根据第46次《中国互联网络发展状况统计报告》显示,截至2020年6月,我国的网民规模已经达到9.4亿。这促使信息资源能够跨地域和跨时空地进行共享交流。2018年7月,中共中央办公厅、国务院办公厅印发的《关于实施革命文物保护利用工程(2018—2022年)的意见》中明确提出要"融通多媒体资源""建立革命文物大数据库""让革命文物活起来"。在"互联网+"的背景下,通过数字化技术加快对红色文化资源的保护与开发并对红色文化资源进行全景式、立体式、延伸式展示宣传,能够有效保护红色文化资源、传承红色基因和发展红色文化。

第一,数字化采集及处理。对红色文化资源进行数字化采集和处理,能够有效解决红色文化资源在时间长河中逐渐消失以及碎片化的问题。相关部门可以组织多专业多学科团队,包括历史学、计算机信息科学、传播学的专家学者,对红色文化资源进行系统性收集整理。通过查阅文献资料,到革命遗址所在地和博物馆调查,通过走访革命前辈、烈士遗属、亲历者等方式,全面掌握红色文化资源的情况,并进行数字化资料采集。数字化采集和输入包括对与主题相关的实物、资料、物品等进行拍摄、扫描;对访谈、口述、歌曲等拍摄和录音等;对革命遗址、遗迹现场进行数字摄影、全息拍摄等。数字化采集的资料可按照主题内容、时间顺序或使用途径进行翔实的记录、分类、组织和存储,为后期制作提供完善的资料。

第二,数字化修复及再现。采集的数据可能会存在不同程度的问题,如照片老化模糊不清、文档书籍生霉、录音老化失真等,这就需要进行修复及再现,以便长期保存和利用。资料后期处理是结合传统的文物保护与修复工作,利用图像处理、音效处理、虚拟现实等技术建立红色文化资源数据库,对已经损坏的文物等进行复原和再现,包括图片和文献扫描件的色彩处理、划痕修复、图像重构、音效处理、声音修补、声画合成、文字编辑,对革命遗址进行三维数字模型建构,在前期精细化测绘的基础上,采用 Sketch Up 和 3D MAX 三维软件,建立基于遗迹遗址的三维数字化档案,为后期的虚拟现实展示提供立体的视觉效果。通过对红色文物进行精准建模、虚拟修复,尽可能将其真实地展示出来。

第三,建立数字资源库。利用计算机技术将已经搜集和修复的红色文化资源的图片、音频、视频等进行归类、总结,并存储在网络数据库中,方便工作人员对存储数据信息进行管理、添加和补充。利用数据库信息建立、数据模拟、数字传输等方式,能够为红色文化的保护、传承提供空间和潜力,让各地红色文化的数据合理、有效、永久地整合、存储起来,并进行系统化、科学化的管理。建立红色文化数字资源库不仅能够减少空间、时间以及环境等因素对红色文化资源保护的影响,还能实现红色文化资源的共建共享和广泛传播,为相关研究提供方便、快捷、高效的支持,促进红色文化的研究。

第四,数字化展示和传播。利用数字技术、多媒体影视技术、巨幕投影技术和多点触控技术等来丰富传统的展示形式,加深观者和红色文化之间的互动与连接,给其创造良好的浏览体验。例如,在某些红色文化纪念馆中可以利用计算机虚拟现实技术,模拟战役战场,并把影像技术、舞美技术以及音效技术结合起来,进行情景再现。数字化展示通过参与性、沉浸性、交互性特点能够改变传统的展示方式,让观众能够真正感悟红色精神,感受红色文化的魅力。与此同时,红色文化资源数字化传播还表现在建设红色文化网站、微信、微博、官方客户端、网上虚拟展览馆等多渠道的宣传上。这些有着鲜明时代气息的数字化传播方式,既能节省人力、物力和财力,还能让受众足不出户地通过互动、体验和感悟红色文化。此外,把相关的红色主题制作成音频、视频、故事或小说作品上传、推送并链接至相关网站、微信公众号,让更多人去关注、评论和转发,发挥公众个体对红色文化的宣传作用,实现红色文化保护与传承。红色文化资源的数字化展示与传播是将思想道德教育寓于科技之中,通过生动活泼的表现形式,让红色文化在具备亲和力和鲜活力的同时,将革命历史、革命传统和革命精神鲜活地传递给人民群众,推动社会主义先进文化的繁荣发展。

第五,数字化创意类产业。挖掘红色文化资源的内涵,依靠数字化技术发展红色文化产业,是保护与传承红色文化的重要方式。相关部门可以通过开展红色研学之旅、建设红色主题民宿、打造红色旅游小镇、举办红色文化主题活动和加强互联网平台宣传等,孕育出新的文化业态。另外,随着数字化模式的介入,相关部门也可以深入挖掘红色文化的内涵,开发红色主题游戏,将爱国主题与价值理念融入红色网游中,激发起青少年玩家的兴趣与求知欲,在强化教育功能的同时提升传播力。相关部门还可以通过拍摄革命题材的红色动漫和影视作品数字化等途径为红色文化资源保护和开发提供全新的发展方向,这也是国家提升文化软实力,推动文化建设、经济发展的重要手段之一。

(三) 整合共享

近年来,云计算、大数据、人工智能、区块链等新兴信息技术

第四章 上海红色文化资源利用共享的数字平台

不断深入应用。信息技术对于国家治理体系和治理能力现代化水平有效提升具有显著的促进作用。随着信息技术与城市治理的进一步深度融合,数字化呈现不断发展的趋势,数字政府就是近年来出现的建立在"数字化"形态下的新型政府运作模式,通过信息化手段实现政府部门之间网络的横纵串联贯通、数据资源的整合共享、业务流程的高效协同、政府决策的科学智慧、社会治理的精准有效,这也是推动国家治理体系和治理能力现代化的重要方式。

我国在数字政府建设中,从国家层面来说,党中央、国务院已相继出台了多项支持和推动数字政府建设的法律法规、指导意见及政策举措,将数字政府作为国家改革创新宏观政策的重要内容;同时,各地方政府结合自身情况,围绕数字政府建设也相继推出了各地规划设计并进行了实践探索。随着数字政府在我国政务信息化领域不断深入应用,数字政府带来的宏观效益显而易见,与此同时阻碍数字政府发展的因素也逐渐显现出来,那就是政府部门间"数据鸿沟""数据孤岛"的大量存在,导致政务数据资源无法有效整合共享,制约了政务数据资源开发利用。因此,如何实现政府业务流程整合优化重构,破除当前部门间的数据壁垒,是数字政府建设中亟须解决的重要问题。

按照国务院印发的《关于加快推进"互联网+政务服务"工作的指导意见》要求,要实现"最多跑一次""数据多跑路,群众少跑腿""全程电子化"的目标,让政府切实感受到数据整合共享和综合利用对于政府科学决策和有效监管的重要促进作用。结合当前政务信息化发展现状及存在问题,基于数字政府的建设理念,政务数据资源整合共享的需求主要体现在三个方面。

首先,数字政府建设需要完善的政务数据资源整合政策制度支撑。要通过国家政策制度去推进和保障政务数据资源整合共享工作,确保政务数据资源整合共享执行有抓手、推进有依据、成效有标准、落实有责任。其次,数字政府建设需要统一的数据整合共享标准体系基础。须明确数据整合共享的对象、路径、方式、目标等方面的政策标准、业务标准和技术标准,促进多部门间数据的互通互认、整合对接、关联融合、统一应用等,做好政务数据资源整合共享标准体系的顶层设计,以此驱动和规范政务数据资源整合共享工作。最后,数字政府建设需要科学的政务数据资源整合共享技术体系保障。政务数据资源整合共享离不开信息技术,要通过数字政府建设形成一套涵盖政务数据资源整合共享全流程的信息技术支撑体系,通过技术手段推进和保障数据采集汇聚、数据关联整合、数据共享交换、数据管理存储、数据分析应用、数据传输加密、数据隐私保护、数据对接互认、安全体系防护、系统平台支撑等相关环节工作,促进政务数据资源整合共享更加科学有效开展。

党的十八大以来,各地区各部门扎实推进了革命文物保护利用工作,革命文物家底基本摸清,革命文物保护状况持续改善。在此基础上,全面推动红色文化资源整体性保护至关重要。从整体性保护方面来说,不仅要对各地的红色文献、图片、纪录片、声音等进行数据收集、挖掘、梳理与整合,建立基础数据库,同时还要利用大数据、虚拟现实、3D影像等技术,将红色文化资源转化为数字模式,形成红色文化资源大数据库,助推红色文化资源的管理、修复、研究等一系列整体性保护工作。

红色文化资源在利用数字化进行展示和传播的过程中,可

第四章 上海红色文化资源利用共享的数字平台

以将自身的数据进行整合,搭建统一数字化的共享平台。从全国来看,虽然各地的红色文化数据库建设取得了一些进展,但是大范围的红色文化数字化共享平台却尚未搭建起来,而红色文化数字化变革的重要表现之一就是数字化共享平台的建立。

红色文化资源的整合需要有大数据研究的专业人员。红色文化数字化资源库的建立是一个复杂的系统工程,要协调各方力量,实现优势互补,耗费巨大的人力物力资源。一方面要对各地的红色文化资源进行数据收集与挖掘,如文献、图片、纪录片、声音、文物等,以数字化的记录方式对这些原始数据进行梳理与整合,通过影像、文字和三维再现数据进行分类、存储和标记,实现对历史文物、文化遗产的保护;另一方面,要对已收集的红色文化数字化资源进行分类筛选、系统整合,可以按照文化资源来源、受众特点、时间维度、使用途径等不同标准,建设一个系统性高、针对性强、内容翔实的基础数据库,加强对数据库的管理监督,为后期红色文化资源的补充完善和订正提供便利。红色文化数据库的建立是红色文化与人们进行有效互动的基本前提,是红色文化资源保护最直接最有效的方式,也是促进红色文化传播、让红色文化真正"活起来"的行之有效的路径。

红色文化资源数据的整合要充分发挥媒介载体的作用,利用网络媒体、大众媒体传播范围广的优势,搭建独具特色的红色文化数字化平台、频道,使人们足不出户就能享用各地的红色文化资源。要对各地的红色文化资源进行整体性挖掘与整合,并进行数字化转化,建立红色文化数字化共享平台。人们可以通过互联网或移动终端检索所需红色文化信息,甚至直接同红色文化保护工作人员进行沟通和互动,借助大众的力量拓展红色文化资源的共享范围。同时,各地红色文化数据库的搭建,应突出本地特色,避免千篇一律的文化资源整合形式,加以大数据的技术支撑,使红色文化传播更具吸引力。除了要与各地的革命历史实际结合,也要立足于中国特色社会主义的伟大实践,把红色资源利用好、红色基因传承好、红色传统发扬好,以合作共赢理念推进区域红色文化资源的共享与传播,真正实现红色文化的数字化变革。

三、数字平台模块设计

数字平台有不同的功能模块。从红色文化遗产数字化资源保护利用的角度来说,数字平台涉及的用户有普通用户和管理员用户。不同用户利用数字平台的要求有所不同,因而平台在模块设计方面也会有所不同。

(一) 功能模块

从功能上来说,对于普通用户而言,要能浏览红色文化数字化资源,同时还可以发表对红色文化精神领会的感言,具有论坛的功能。需要注意的是,论坛必须要实名制认证。

对于管理员来说,要能够发布红色文化的数字化资料,而且还要能实现动态的更新。管理员也不是只有一个权限,可以通过多种权限设置来设定管理员的不同权限,目的在于对不同的数字化资源有不同的管理员来维护和管理。一般来说,涉及红色文化遗产的数字化资源,与其他资源有所区别,因为它传承着宝贵的革命精神财富,对单个管理员来说,在操作上是不能随意地进

第四章 上海红色文化资源利用共享的数字平台

行增、删、改的,必要时须根据情况同时具备多个管理员的许可才能完成这些操作。需要考虑安全性和权限设置的相关问题。

按照不同的内容,可以将平台划分为 3 个模块,即红色文化遗产数字化资源展示模块、红色文化遗产数字化管理模块和红色文化遗产精神传承感言论坛模块。

数字平台针对管理员和普通用户具备的相应功能模块如图 4-5、图 4-6 所示。

管理员用户
- 管理红色文化遗产历史数据资料
- 管理红色文化遗产数字化资源
- 管理红色文化遗产相关新闻动态
- 管理管理员的权限
- 管理论坛用户
- 管理帖子
- 管理帖子的主题

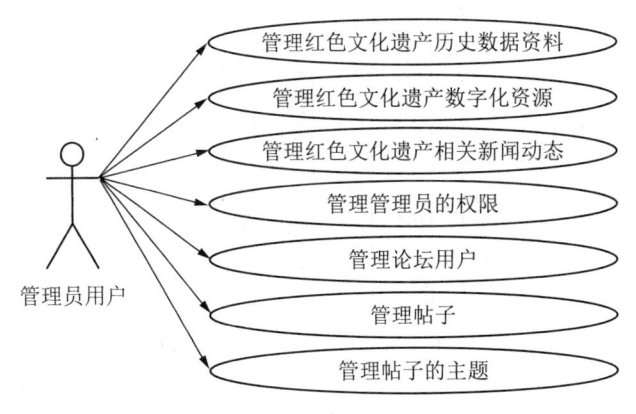

图 4-5 管理员用户实体模型

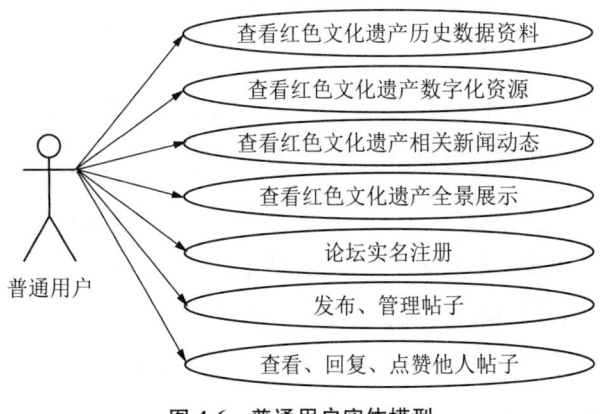

普通用户
- 查看红色文化遗产历史数据资料
- 查看红色文化遗产数字化资源
- 查看红色文化遗产相关新闻动态
- 查看红色文化遗产全景展示
- 论坛实名注册
- 发布、管理帖子
- 查看、回复、点赞他人帖子

图 4-6 普通用户实体模型

(二) 模块设计

基于红色文化遗产数字化保护平台可分为上述 3 个主要功能模块:数字化展示功能模块、数字化管理功能模块、红色精神传承感言论坛模块,其主要功能模块结构如图 4-7 所示。

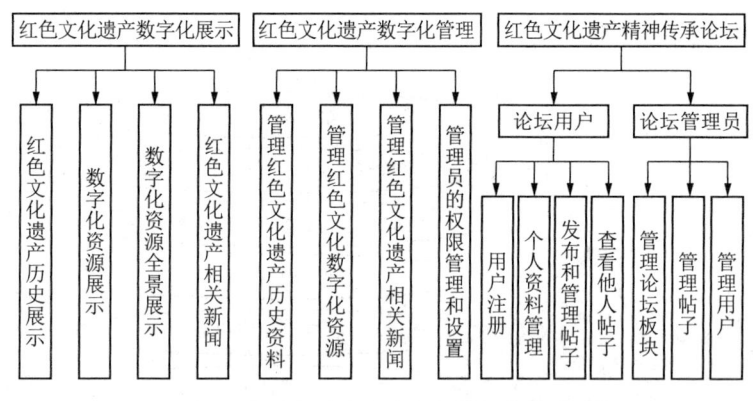

图 4-7 红色文化遗产数字化保护平台功能结构

1. 红色文化遗产数字化展示模块

该功能模块的第一个子模块是红色文化遗产历史资料展示,在设计应用中,可以对整个上海的红色文化遗产所在地、类别、总体情况进行介绍。比较全面和直观地把上海市各个地方的红色文化遗产资源总概起来,并通过嵌入百度地图把红色文化遗产分布情况标注出来,让大众有一个直观全面的感受。第二个模块为红色文化遗产数字化资源的展示,这些数字化资源包括采集到的红色文化遗产中的遗址的三维图、物品用品、文献、历史图片、历史人物、历史故事、音频、视频等资料。利用这个模块可以通过文字、图片、视频、音频等多维度了解上海的红色文化遗产,并传承这些红色文化精神。这个模块对大众是完全开放的,不需要注册登录就可以查看这些展示的数字化资源。第三个模块为数字化资源全景展示,利用采集到的信息,通过360度全景、3D成像等技术展示上海红色文化遗产的全景,再配备相应的音频解说、VR设备,让人足不出户就可以身临其境地浏览红色文化遗产资料、感受红色革命精神,让大众更直观地从空间结构了解历史。第四个模块为红色文化遗产相关新闻,可以在此模块发布当前上海红色文化遗产地所发送的相关新闻、动态、政策、策略等信息,让红色文化遗产的整个阶段都全面地展示在大众眼前。

2. 红色文化遗产数字化管理模块

此模块是整个数字化平台最重要的核心模块,是体现数字化及保护的关键,用以实现红色文化遗产相关信息的动态更新及智能化管理。本模块主要包括红色文化遗产历史资料的管理、红色文化遗产数字化资源的管理、红色文化遗产相关新闻的管理、不同管理员管理权限的管理这4个功能子模块。通过这些功能模块,可以上传红色文化遗产资源的相关历史介绍资料,上传采集到的图片、音频、视频、文字等信息,同时也会记录上传人、上传时间、资料来源、情况说明等信息,以便保证上传资源的真实性。并且,还可以通过管理员的权限设置,设定部分管理员具有删除、修改的操作。这一功能中,管理员的权限是动态分配的,所以会增加一个权限管理功能来设置不同管理的操作权限;同时也可以及时发布和管理红色文化遗产相关新闻、动态、政策及相关宣传方面的新信息,具备增、删、改、查的功能。

3. 红色文化遗产精神传承论坛

红色文化遗产精神传承论坛是希望通过公众的广泛参与，给红色文化遗产所代表的红色精神搭建成一个平台，让大家共同交流心得，通过浏览展示的红色文化遗产数字化资源，把对这些红色精神的心得和感受分享给大家，再通过整个论坛平台发布出去。

从管理的层面来说，发布论坛帖子时需要参与者先进行实名认证，上传姓名、身份证号、身份证照片、手机号码等信息，目的在于确保发帖者能对发布的言论完全负责。用户可以管理增加的信息和帖子，查看修改自己的帖子，能浏览、回复其他用户的帖子，能对其他用户的帖子进行点赞。当发布的帖子点赞数达到一定数量时发帖者可以获得平台赠送的小礼物，达到第一名时可以获得更多的奖励。论坛管理员可以管理论坛的用户信息，当某用户发布了言论不当的帖子，管理员可将其设置为黑名单，其将不能再进入论坛发布、回复帖子。管理员还要管理用户的帖子，看到言论不当的帖子可以使用删除功能，看到优秀的帖子具有置顶的权限，发布的帖子管理员可以看到发帖人的基本信息，包括用户名、所属版块、帖子标题、审核者、地理位置等。管理员会定期或不定期地增加、修改、移除帖子主题，这可以提高帖子的融入度。

4. 数据库设计

数字平台主要涉及对数字化红色文化资源的存储和发布，基于对本系统提取的实体，可设计用户实体表、管理员实体表、红色文化遗产历史资料实体表、音频资源实体表、视频资源实体表、物品用品图片资源实体表、标语图片资源实体表、民歌民谣实体表、红色人物资源实体表、红色作品实体表、红色遗址实体表、论坛表等。

(三) 典型案例评析

2021年5月13日下午,上海市红色文化资源信息应用平台"红途"内测启动活动在世博会博物馆举行,标志着上海红色文化资源数字化转型迈出实质性步伐。"红途",喻义"红色征途",既是对过去百年光辉历程的回顾,也是对迈进新征程、奋进新时代的期待。

全市379家革命遗址、旧址和纪念设施,147家爱国主义教育基地首批入驻"红途"平台。"红途"微信公众号同步上线,"红途"logo同时向社会发布。"红途"logo的主视觉元素以"红底"和"五角星"为主体,代表着上海丰富的红色文化资源。"五角星"中融入地图指针的形状,强调平台实用的红色资源导引的功能。"五角星"中斑马线的设计,则体现出"漫漫征途,始于足下"的理念。"红途"平台定位为服务工具,注重实用性、互动性,共设置9大功能版块(图4-8):(1)光荣之城;(2)红途微视;(3)城市阅读;(4)四史教育;(5)新征程新奇迹;(6)场馆预约;(7)场馆活动;(8)红途讲师;(9)海上文创。其中"光荣之城"版块将上海市的16个行政区划分,绘制了全市爱国主义教育基地、革命遗址旧址和纪念设施的智能电子地图。使用者可以点击互动了解具体信息,让红色文化资源一键直达。"红途微视"版块则汇聚全网最正能量的短视频,用生动的镜头语言讲述红色故事,见证初心使命。"城市阅读"版块会针对不同人群定制红色寻访为主题的线下行走线路,帮助用户寻访上海的城市记忆、体验行走的党课。"四史教育"版块汇集上海市优质四史学习资源,菜单式动态发布相关的学习内容和精品课程以供使用者学习。"新征程新奇迹"集中展示党史特别策划内容和当下重要新闻报道;"场馆预约"版块实现了线上的红色场馆一站式预约,"预约码"与"随申码"二码合一,方便市民参观者入馆;"场馆活动"中可查看红色场馆动态更新的特色体验活动;"红途讲师"集中展示上海优秀宣讲人才;"海上文创"集中发布展示全市优质红色文创产品。"红途"还设有搜索功能,只要输入关键词,各区、委办、场馆的"红途"资源一目了然。并且,"红途"还举行线下体验活动,举办"看红馆・学党史・走红途"系列党史学习体验活动,并推

光荣之城	红途微视	城市阅读
四史教育	新征程新奇迹	场馆预约
场馆活动	红途讲师	海上文创

图 4-8 红途的功能版块

图片来源:"学习强国"平台。

第四章 上海红色文化资源利用共享的数字平台

出"红途·城市阅读"精品线路和"红途·青春讲堂"活动体验，邀请公众一起踏上"红途"之旅等。"红途"平台的内容建设初步实现6个100，即100条精品线路、100项特色展陈、100个红色视频、100项红色文创、100名"红途"讲师、100项主题课程和体验活动，创新打造红色文化传播矩阵，为城市数字化转型按下"快进键"。

此外，"红途"还创新建设"数字全景场馆"专区，运用"互联网+"活化红色资源呈现形式，以年轻化、三维化、场景化的线上数字展馆，让更多人足不出户就能获得沉浸式参观体验。目前，"红途"的"数字全景场馆"专区已集成中共一大会址纪念馆、中共二大会址纪念馆、国歌展示馆、上海孙中山故居纪念馆等27家爱国主义教育基地的数字全景场馆，未来还将陆续接入更多数字场馆，有望实现上海各大红色场馆一"触"即达。目前，在全市各有关单位和爱国主义教育基地的支持下，"红途"平台项目建设进展顺利。全市各区委办局、爱教基地、媒体、院团，相关企事业单位都可以申请"红途"平台账号，上传精心策划制作的优质学习资源。目前，379处革命旧址遗迹和纪念设施，147家爱国主义教育基地首批入驻"红途"，开启第一批单位用户账号201个。

2021年6月18日，围绕庆祝建党百年，市委宣传部联合中宣部宣传舆情研究中心，依托"学习强国"和"随申办"系统，深化"党的诞生地"红色文化传承弘扬民心工程，在全国率先建成红色文化资源信息应用平台——"红途"。截至2021年12月底，"红途"通过九大内容版块，推出精品课程、寻访线路、展览展示、红色视频等学习资源3 800余项，全景呈现上海红色文化资源，平台注册用户数超170万,总点击量超2.6亿次。"红途"平台被评为上海市"为民办实事"重点民生项目、上海一网通办示范性红色应用、城市数字化转型示范项目。"上红途　学党史"已成为广大市民耳熟能详的宣传语。2022年1月18日,上海红色文化资源信息应用平台"红途"小程序正式上线。标志着"红途"平台的"三端一号""学习强国"端、随申办端、微信小程序、微信公众号功能矩阵正式搭建完成。

为方便各单位能够快速上手使用"红途"平台,平台方还编写了《上海红色文化资源信息应用平台用户使用手册》,指导各单位根据各版块内容分类上传信息,将各类精彩活动、优质党课等内容上传至平台。使用手册详细地介绍了上海红色文化资源信息应用平台所包含模块的功能以及各功能模块具体的操作方法。为方便用户阅读手册,手册中使用了一些形象生动的指导性图标,让使用体验大大提升。

参考文献

[1] 习近平谈历史文化遗产保护[EB/OL].[2022-03-23], http://politics.people.com.cn/nl/2022/0323/c1001-32381843.html.

[2] 习近平.用好红色资源　赓续红色血脉　努力创造无愧于历史和人民的新业绩[EB/OL].[2021-06-27], http://politics.people.com.cn/nl/2021/0627/c1024-32141552.html.

[3] 习近平在省部级主要领导干部学习贯彻党的十九届六中全会精神专题研讨班开班式上发表重要讲话[EB/OL].[2022-01-18], http://www.xinhuanet.com//2022-01/11/c_1128253361.htm.

[4] 第50次中国互联网络发展状况统计报告[R].北京:中国互联网络信息中心,2022.

第四章　上海红色文化资源利用共享的数字平台

[5] 澎湃新闻.上海市红色文化资源信息应用平台"红途"启动内测[EB/OL].[2021-05-13],https://www.thepaper.cn/newsDetail_forward_12656603.

[6] 轻点手机　感受红色资源无限魅力——"红途"上线半年吸引用户逾170万,总点击量超2.6亿次[N].解放日报,2022-01-18.

[7] 中华人民共和国教育部.基础教育教学资源元数据信息模型[S].JY/T0607-2017,2017-05-27.

[8] 中华人民共和国教育部.教育部关于数字教育资源公共服务体系建设与应用的指导意见[S].教技〔2017〕7号,2017-12-22.

[9] 中华人民共和国教育部.教育部关于印发《教育信息化2.0行动计划》的通知[S].教技〔2018〕6号,2018-04-13.

[10] 曹小娟,左伟.网络文化冲击下红色文化传播的挑战与机遇[J].传媒论坛,2019,2(11).

[11] 高铁刚,王馨,寇海莲.数字教育资源公共服务质量提升策略研究[J].现代教育技术,2020,30(7).

[12] 贺建英.红色文化遗产数字化保护平台的设计与实现——以四川革命老区为例[J].现代信息科技,2021,5(24).

[13] 黄璜.数字政府:政策、特征与概念[J].治理研究,2020,36(3).

[14] 季为民,沈杰主编.青少年蓝皮书:中国未成年人互联网运用报告(2023)[M].北京:社会科学文献出版社,2023.

[15] [德]卡尔·马克思.资本论[M].北京:人民出版社,2015.

[16] 孔凡俊.上海:追寻红色印记　构筑精神之旅[EB/OL].[2021-03-11],http://sh.wenming.cn/YW/201810/t20181009_4853976.html.

[17] 林毅君,杨非,张纲,等.国家数字教育资源公共服务体系建设研究和实践[J].中小学电教:综合,2020(4).

[18] 刘劲松,罗晓哲.政府数字信息资源管理的现状与趋势分析[J].传承,2013(3).

[19] 刘黎,郑海燕.红色文化数字化传播创新策略研究[J].传媒,2022(20).

[20] 刘森养.红色文化资源开发利用中存在的问题及对策分析[J].青年时代,2021(3).

[21] 刘少霞.碎片化阅读背景下学术期刊的挑战与应对[J].传播与版权,2022(2).

[22] 刘思瑶.上海红色文化旅游资源空间结构研究[J].合作经济与科技,2021(4).

[23] 刘友芝,胡青山.基于算法推荐模式的社会性反思:个体困境、群体极化与媒体公共性[J].传媒经济与管理研究,2022(1).

[24] 马广惠,于浩,张群,等.数字政府架构框架研究[J].应用科技,2022,49(5).

[25] [美]尼尔·波兹曼.娱乐至死[M].北京:中信出版社,2015.

[26] 宋静静.红色文化资源数字化保护与创新发展路径[J].文化学刊,2022(8).

[27] 宋学勤.让红色文化传承不息(新论)[N].人民日报,2021-06-04.

[28] 汪路金,王永桂,丁小英.红色文化资源数字化保护现状及对策研究——基于黄山市的个案分析[J].邢台学院学报,2022,37(3).

[29] 王思涵.红色文化遗产地过度商业化问题[J].合作经济与科技,2020(19).

[30] 王益民.数字政府[M].北京:中共中央党校出版社,2020.

[31] 王兆伟,数据多"跑腿"群众少跑路[J].四川党的建设,2021(19).

[32] 席宇斌,欧晓琳.上海红色遗迹旅游开发研究[J].无锡商业职业技术学院学报,2018,18(5).

[33] 徐绪堪,薛梦瑶,钱进.基于知识元语义描述模型的红色文化数字资源知识抽取研究[J].科技情报研究,2022,4(1).

[34] 许丽.红色文化资源数字化保护与创新发展路径[J].人民论坛,

2021(1).

[35] 张翠翠,李英,吴健.贵州红色文化资源的数字化研究与应用[J].计算机时代,2020(10).

[36] 张小玲.新时代红色文化铸魂育人价值意蕴探析[N].中国社会科学报,2020-03-10.

[37] 周金堂.把红色资源红色传统红色基因利用好发扬好传承好[J].党建研究,2017(5).

[38] 朱晋宏,蔡卓言,刘磊.沪上红色文化知识图谱的构建与应用[J].兰台世界,2022(8).

[39] 朱曦.上海红色文化系列地图的设计与特点浅析[J].城市勘测,2021(3).

第五章
上海红色文化资源的评价

红色文化资源是中国共产党在领导人民进行革命、建设和改革的过程中，留下的珍贵革命历史文化遗产，这些遗产既包括有形的党的重要机构旧址遗址，重要事件、重大战役战斗的发生地，重要党史人物的故居、旧居和活动地址等，也包括无形的党的重要历史活动、进程、思想、文化。它是中国革命的重要历史见证，铭刻着中国共产党人和中国人民为民族独立和人民解放而英勇奋斗的光辉历程，蕴含着中国共产党人和中国人民艰苦奋斗、不屈不挠、一往无前、敢于胜利的革命精神。红色文化资源承载了我们党在革命建设和改革时期的不同记忆，不同地区的红色文化资源各有各的特点以及独家记忆，具有不同的价值。上海的红色文化资源也有着其独特的价值，它是上海城市软实力的重要表现。

一、上海红色文化资源评价的有关问题

习近平总书记在党史学习教育动员大会上指出，开展好党

第五章 上海红色文化资源的评价

史学习教育,要"用好党的红色资源,让干部群众切身感受艰辛历程、巨大变化、辉煌成就"。习近平总书记历来重视红色文化资源的运用,到延安、北京、上海等地时,都走访了许多当地的红色文化资源场馆。作为中国共产党的诞生地、中国工人阶级的发祥地和改革开放的前沿阵地,上海拥有丰富的红色文化资源,许多老一辈革命家长期在上海工作生活。许多有影响的党史事件发生在上海,上海的红色文化资源利用问题十分重要。

(一)问题的提出

上海以独特的历史条件,成为中国革命红色基因的发源地,留下了宝贵的红色资源,创造了伟大的红色文化。作为党的诞生地,作为党的事业发源地和红色风暴起点,上海在很长时间里都是一个思想活跃、力量集中、活动频繁、资源充足、影响广泛的革命圣地。对于中国共产党留给上海的红色文化、红色传统和红色资源,要予以保护、管理,更要好好开发利用,让红色精神能世代相传。

从历史的角度来说,1917 年俄国十月革命胜利,极大地刺激了追求进步的中国人。一大批追求进步的爱国志士,如陈独秀、李大钊、李达等人,开始接触、学习和传播马克思主义,并为建立中国共产党的早期组织四处奔走。1919 年 5 月 4 日开始,一场规模浩大的反帝爱国运动席卷全国。不久,运动中心从北京转移到上海,运动主力也从学生转变为工人阶级。

正如毛泽东同志所说:"五四运动是在思想上和干部上准备了 1921 年中国共产党的成立,又准备了五卅运动和北伐战争。"上海成为各种思想交锋最为激烈的中心和焦点。红色文化的构成因子开始在上海集聚。

中国共产党的诞生，是近代中国革命史上划时代的里程碑。中共一大会议确定了党的名称，讨论了共产党对待其他党派的态度问题，并选举了党的中央领导机构。由此开始，发源于上海的红色文化如同燎原之火，辐射至嘉兴、井冈山、遵义、延安和西柏坡等不同地域，在长期的革命斗争中凝聚了红色因子、传播了红色文化。上海的红色革命遗迹不仅数量众多，而且分量厚重，保护级别也较高。一大、二大和四大等重要会议，锻造了马克思主义政党的崇高理想和历史使命。

用足用好上海红色文化资源是一项长期课题，是传承红色基因、发扬光荣传统，为上海建设成为卓越的全球城市和社会主义现代化国际大都市激发强大精神力量的重要举措。2019 年，按照上海市政协统一部署，上海市政协文史资料委员会围绕"用足用好本市红色文化资源"开展课题调研，先后前往中共一大会址纪念馆、上海解放纪念馆、龙华烈士陵园和刘长胜故居暨中共上海地下组织斗争史陈列馆等 10 余处红色文化旧址、场馆等进行实地调研，召开 10 多次座谈会，听取市委宣传部等部门、单位和相关党史专家的意见建议，并赴江苏、陕西、重庆、安徽等地学习考察。在此基础上，经过总结、分析，形成了调研报告，提出了包括科学评价上海的红色文化资源在内的相关问题建言。

(二) 相关研究

对于上海红色文化资源评价，相关专家学者已开展研究工作，主要是集中在对红色文化资源价值、资源条件、资源影响力等评价的维度上。

2019年,由中国共产党史学会为指导单位,由上海市委宣传部、上海市委党史研究室和上海市政协文史资料委员会联合举办的首届"初心论坛"在上海召开,嘉兴、井冈山、遵义、延安、西柏坡等地的学者参加,论坛围绕研究初心使命的当代价值、实践要求,交流"不忘初心、牢记使命"主题教育的成功经验。截至2023年,"中国共产党的创建与上海"学术研讨会议已成功举办了七届。与此同时,举办方全力推进以党的创建、党的建设和共产党人精神风貌为研究重点的资料、专著出版,《上海党史资料汇编(1920—1949)》已于2018年底出版,《中国共产党创建史》等一批党史研究著作也陆续出版。

目前,对于上海红色文化资源较为的研究普遍集中在定性评价,缺乏定量评价。系统性评价体系的不完备,使得上海红色文化资源较为缺少规划的指导参考依据,很难全面发挥其独特的优势和应用价值。因此,构建符合地域性特色的红色文化旅游资源评价指标体系,并对上海红色文化资源进行综合评价,可以为上海红色文化资源的可持续开发利用提供一定的理论依据。

(三)评价基础

近年来,上海大力推进红色文化资源保护利用工作。红色文化资源保护利用得到前所未有的重视,工作成效明显并呈现良好发展态势。

1. 红色文化资源家底基本摸清

从2009年底开始,在市委的高度重视及有关部门的大力支持下,上海市、区两级党史部门经过多年的共同努力,完成了上海市革命遗址遗迹普查工作,基本摸清了上海红色文化资源的"家底"。根据普查结果,上海革命遗址遗迹共657处,其中留存440处、损毁217处。同时,经过多年的精心调查和研究,由上海师范大学苏智良教授牵头的"上海红色历史纪念地遗址发掘项目"也基本完成。该项目以1915年《青年杂志》创刊到1949年中华人民共和国成立为时间范围,以今日上海全境为空间范围,对红色历史纪念地遗址遗迹进行调查统计,并且已认定的共有1 020处。

2. 红色文化资源保护重点项目有力推进

在抓好面上工作的同时,有力推进红色文化资源保护重点项目。为了保证在建党百年纪念日之前建成开馆,2019年8月31日,上海启动了中共一大会址纪念馆新馆建设项目,成立了市委书记任组长的纪念馆筹建工作领导小组,加大统筹领导、协调推进的力度。按建党百年开馆的时间节点倒排工期、挂图作战,全力抓好建筑工程和展陈设计。同时,按照保护为主、抢救第一、合理利用、加强管理的方针,有关部门还先后启动对陈望道旧居、团中央机关旧址、中国劳动组合书记部旧址、《新青年》编辑部旧址、中共六大以后中央政治局机关旧址、中共中央特科机关旧址、中共中央军委机关旧址(彭湃烈士在沪革命活动地点)、中共中央秘书处机关(阅文处)旧址等一批具有重要价值旧址的保护修缮工作,还原历史风貌,提升教育功能,其中陈望道旧居、团中央机关旧址、中国劳动组合书记部旧址等都已完成修缮并向社会开放。

3. 红色文化资源利用工作不断加强

以中共一大会址为例,据统计,2018年接待参观人次达到

146.6万,较2017年增长约76%。自2019年开展"不忘初心、牢记使命"主题教育以来,许多新老党员纷纷在此举行入党宣誓和重温入党誓词活动。全市各级党校、干部教育培训机构围绕党的诞生地进行课程研发,开设专题教育课程。中国浦东干部学院、上海市委党校等探索利用中共一大会址等红色文化资源开展党史现场教学,红色现场教学点教育培训功能建设已被纳入《2018—2022年上海市干部教育培训规划》。统计表明,从2021年6月3日正式对外开放到当年的9月23日,在预约限流情况下中共一大会址接待游客达到85万人次,超过2019年同期的一倍。

4. 红色文化资源影响力进一步彰显

上海的红色文化资源还包括上海革命史、建设史和改革发展史相关的政治、经济、文化、教育、文卫等历史文献资料。这些文献资料既有物质形态,又有精神形态,既包括红色遗迹、革命故事、人物事迹,也包括党和国家的有关大政方针、政策法规、制度规则等,还包括当前红色文化研究的积累等。通过电视、展览等多种形式更加广泛地对党的诞生地和建党精神进行宣传,可以推动"党的诞生地文艺创作工程"不断向纵深发展,引起良好的社会反响。

二、上海红色文化资源的评价指标

我们试从价值的构成要素、评价指标的选取以及评价等级的划分等几方面来对上海红色文化资源的评价加以论述。

（一）红色文化资源价值的构成要素

对于红色文化资源的价值认知与评价是随着时代发展而不断变化的，这也揭示了红色文化资源价值具有时代性与延展性的本质特征。红色文化资源是一种集政治教育、经济发展、文化传播等价值和功能于一体的独特的综合性资源，还具有精神文化性、历史社会性和资源融合性等特性。根据前人的研究成果及红色文化资源本身的特殊性来看，在进行红色文化资源价值评价时需要重视以下几个方面。

1. 对历史文化价值的评价

红色文化是革命历史的产物，同时也是中国共产党带领广大中国人民进行顽强革命斗争的历史见证，它们是中国共产党革命历史的重要组成部分。红色文化中所蕴含的历史文化信息为党史、中国近现代革命历史的研究提供了客观依据和佐证资料，它们能够促使人们更加全面深入地认识并了解中国共产党的革命历史，同时又有利于巩固中国共产党的执政地位。红色文化遗产也是革命文化与所在地文化相结合的产物，它们是革命文化精神和革命传统的延续，同时也生动展现了当地的文化内涵。每一个红色文化遗产都是一处"精神地标"，作为中华民族传统文化的一个重要组成部分，它们发挥出文化所带来的强大力量，在弘扬爱国主义精神的同时，增强了民族凝聚力，为中华民族伟大复兴提供了强大的动力支撑。

从百年的历史演进来看，上海红色文化资源的历史文化价值是指从中国第一个共产党组织——上海共产党早期组织诞生起至今的历史时期，所形成的具有独特意义和重要性的红色文化遗产、文物、艺术作品等在历史、文化、艺术等方面都具有的独特价值和意义。历史和文化不论是对个人、社会还是整个世界都具有一定的意义和作用。它不仅体现了人类社会在某一时期的发展历程,也反映了人类在一定时期的思想观念、道德规范和审美情趣。如上海红色文化资源与中国革命历史的相关程度、历史文化遗存的数量和质量及在中国近现代历史上产生的影响等。通常而言,红色文化资源对历史产生的推动作用越大、对后人产生的影响越大,其历史文化价值就越高,同时也表明其对当下公众参观市场的吸引力越强。可以说,历史文化价值是红色文化资源最重要的价值要素,没有革命的历史就没有现在的中国。红色文化资源是在中国革命历史上留下来的宝贵财富,是历史的印证。同时这些资源也反映了当时的生活生产状况。其不仅仅是遗留物,而且是一段历史时间的凝结点。红色文化资源极具中国特色,作为革命历史遗存,承载着中国发展进程中的一段历史和精神,具有文化遗产价值。开发利用红色文化资源就是为了让人们更好地了解中国历史,珍惜现代生活,并激发其爱国情怀。红色文化资源作为一种主题性的旅游文化资源,具有重大历史文化价值。在革命战争年代形成的包括上海红色文化资源在内的井冈山精神、延安精神等以及反映这些精神的物质载体,都属于红色文化资源。红色文化资源的历史文化价值不仅体现在各类革命遗址、遗物等实物中,更体现在实物所承载的各种革命事迹和英雄人物上。

2. 对社会情感价值的评价

红色文化资源的社会情感价值是指能够满足当今社会人们相关情感需求的价值,包括政治价值、教育价值和当地的红色氛围(对拥有红色文化资源的满足感和自豪感)。它是地区、政党、阶层、国家层面的人们共同的情感基础。红色文化资源是不可替代和不可再生的资源。它作为民族民主革命的遗存,是我国特定历史时期和历史信息的载体,具有强烈的政治性和教育性色彩,它被所处的时代以及经历的重大历史事件和历史人物赋予了特定的文化遗产价值,同时也被赋予了现代社会特定的政治价值。一方面有利于维护执政党的地位,另一方面可以进行革命教育和爱国主义教育以及文化传承,提升民族自豪感、荣誉感。

社会情感产生于一定的文化基础之中,红色文化遗产连同深植于其中的红色文化内涵形成了一个公共的文化空间,当人们走近文化遗产并置身其中时,便会与其产生情感的连接,引发强烈的情感共鸣。在这个过程中,红色文化遗产的社会情感价值便凸显出来。一方面,人们在红色文化遗产的熏陶与洗礼下,表现出强烈的爱国主义情怀,这种社会情感价值就像一条无形的、象征民族团结的纽带,将每一个中国人紧紧地连接在一起;另一方面,人们能够通过红色文化遗产找寻到身份认同,从而提升民族自豪感和自信心。最后,红色文化遗产又能够通过情感连接激发人们不断向前的动力,用先辈们的艰苦奋斗、自强不息的大无畏精神鼓励人们勇往直前,持续不断地进行社会主义现代化建设。

3. 对经济价值的评价

发展红色旅游是实现红色文化遗产可持续发展的重要途径,尤其是有红色文化遗产分布的地区,发展红色旅游不仅有利于红色文化的传承与传播,同时又能够改善当地人民的生活,创造更多的就业机会,带动当地经济的发展。红色文化资源背后的文化内涵是能够不断挖掘且以不同方式展现和再利用的,比如以电影创作的方式还原史实,以情景剧、舞台剧的方式讲述红色历史,等等,不同的呈现方式能够使得红色文化以更加贴近现实、贴近人民的方式传递,从而产生极大的社会效益。不仅如此,以红色文化遗产为依托的红色文化产业在文化与市场中不断兴起,可以成为新的经济增长点以及区域发展的突破点,这也充分证明了红色文化既能够创造巨大的社会效益,具有推动社会主义文化大发展大繁荣的作用,同时又能够带来可观的经济效益,成为促进社会主义市场经济发展的重要一环。

(二) 红色文化资源评价指标的选取

在对红色文化资源进行评定时,需要选取在红色文化发展的历史进程中所形成的革命精神的遗址、文物、人物故居和革命活动地作为目标,再分别对其所承载的不同功能进行评价。红色基因渗透在上海繁华都市的血脉深处。中国共产党从上海出发,一路经过井冈山、瑞金、遵义、延安、西柏坡等地,走向全国。这期间,党中央长期驻扎在上海,因此,上海拥有诸多红色文化资源是有其必然性因素的。从红色文化所承载的功能角度出发,可以基于以下方面考虑选取指标对上海文化资源进行评价。

1. 红色文化在历史鉴证方面的作用

以各类纪念设施、机构旧址、重大事件及人物活动纪念地为代表的红色文化资源,再现了党领导人民波澜壮阔的革命历程和自强不息的奋斗足迹,是革命历史的形象鉴证。要加强红色文化资源的保护利用,让其成为存史立鉴的不朽丰碑,通常所采

取的做法有:

一是以修缮保护为前提,建立动态摸排机制,建档立卡形成资源数据库,特别是对濒临破损的红色文化资源开展抢救性保护,实行动态监管,坚持"修旧如旧"原则。

二是以改进设施功能为关键,注重红色资源的体验塑造和功能拓展,运用虚拟现实技术改造展陈设施,实现智能化体验和智慧化参观,实现让历史资料"说话",让文物"发声"。同时,提升展陈效果,更好发挥红色文化的历史鉴证功能。

三是以创新讲解方式为突破,加大对讲解员的培训力度,用好"红色故事讲解员大赛"等平台,提升讲解员的专业素养和业务能力,同时突出场景化、故事化、艺术化,增强参观的互动性和体验性。

2. 红色文化在政治教育方面的宣传及运用

红色文化是生动鲜活、不可替代的历史教科书,具有立心铸魂的独特作用。拓展传播渠道,对更好发挥红色文化的政治教育功能具有十分重要的意义。要能够将弘扬红色文化与开展理想信念教育、爱国主义教育有效结合,提升公民的政治素质和道德素质,帮助青少年树立正确的人生观、世界观和价值观。在这方面要做到:

一是全方位宣传,积极利用报刊、广播电视及新型融媒体开展红色文化宣传工作,建立并完善红色文化网上展馆,持续巩固主流意识形态阵地。

二是走出去宣讲,组织党史专家、革命后代等相关人员组建宣讲团,充分利用"开学第一讲""干部大学堂"等传播平台讲好红色故事,推动红色文化进校园、机关、军营、社区、企业、乡村,开展有特色的流动展览,让红色文化触手可及。

三是实景化教学,与党政机关、企事业单位合作建设党性教育基地,深化红色文化资源的共建共享机制;与学校合作开发体验式课程,为学生学习党史、中华人民共和国史,接受革命传统教育,践行社会主义核心价值观提供实景课堂。

3. 红色文化在文明传承方面的成果

深化内涵研究,可以更好发挥红色文化的文明传承功能。红色文化传承了中华民族的优良传统,融合了马克思主义经典理论,在革命实践的熔铸中对中华优秀传统文化进行了再造和升华,是一笔极其宝贵的精神财富。因此,要着力挖掘红色文化蕴藏的丰富内涵,使其历久弥新,绽放时代光芒。

一是加强理论阐释,联合职能部门、高校、各级党校形成研究合力,将红色文化研究列入社科研究规划课题指南,举办研讨会深化理论研讨,培养引进一批学科带头人,推出一批高水平的研究成果。

二是做好内涵整合,在保持周边原有风貌肌理的基础上,将相关红色文化资源串珠成线,形成红色文化集聚区,打造没有围墙的"红色文化生态圈",提高全域开发水平。

三是融入城市文脉,对重要党史人物和重大事件背后的革命精神进行深度研究解读,并与当前城市文化功能塑造、城市文明培育等结合起来,提炼当代价值,提升城市软实力。

4. 红色文化在艺术审美方面的做法

打造文艺精品,更好发挥红色文化的艺术审美功能。在当下各种文化相互激荡的大背景下,红色文化则显示出一种独特的审美旨趣,很多经久不衰的红色经典作品也充分利用和展示了红色文化的强大魅力。要挖掘红色文化崇高壮美的内在特征,通过艺术创作加以显现,为广大群众提供可听可视可读的、有水准的文化精品和精神食粮。主要做法有:

一是通过丰富的艺术表现形式,充分挖掘具有地方特色的红色文化,把红色文化精品搬上荧屏和舞台。

二是加大文艺创作扶持力度,探索设立红色文化艺术发展基金,加强对红色文艺原创的挖掘倡导,发现培养红色文艺带头人。

三是通过群众喜闻乐见的形式实现雅俗共赏,将红色文艺作品作为"文化节""艺术节""公益演出走基层""文化惠民季"等的重要内容,广泛征集"红色家书""红色家风"及民间红色故事,增强红色文化在群众心中的吸引力和感染力,推动以文化人。

5. 红色文化在经济开发方面的成效

推进产业融合,更好发挥红色文化的经济开发功能。将红色文化资源推向市场,构建新型红色文化产业模式,是推动红色文化创新发展的有效之策。抢抓文化产业融合发展机遇,努力营造有利于实现红色文化经济效益的产业生态,实现红色文化经济效益与思想价值的有机统一。主要做法有:

一是可以结合传统村镇的保护、美丽乡村建设和乡村旅游开发,将红色文化资源保护纳入乡村振兴、历史文化名镇名村、传统村落保护等的相关规划中,注重整体风貌打造,凸显红色文化元素,推动红色旅游与生态旅游、乡村旅游融合发展。

二是在传统的旅游观光基础上,融入军事科教、农耕休闲、户外拓展、主题研学、民俗风情等新型业态,开发手工艺品、特色农产品、文创产品等系列旅游创意产品,发展特色农业,打造"红绿融合"综合发展样板。

三是通过产业联结和就业联结,成立运营联合体,在弘扬红色文化的同时带动周边产业发展。

以上评价,在指标选取上还要注意统筹定性与定量相结合的评价方式。

(三) 红色文化资源评价等级的划分

红色文化资源主要包括红色纪念馆、红色展览馆、烈士陵园、烈士墓碑、名人故居、革命遗址遗迹等。从时间上看,上海的革命历史遗址遗迹主要集中在民主革命时期。其中,大革命时期和土地革命时期的遗址遗迹最为丰富,大多分布在上海市区。本书依据国家标准《旅游资源分类、调查与评价》(GB/T 18972-2003),采用旅游资源共有因子综合评价系统,按照惯例以资源要素价值、资源影响力和附加值三个评价项目进行评价,在充分考量上海红色文化资源的历史文化价值、政治教育社会功能、经济价值、知名度和影响力、利用期和利用范围、环境保护和安全及其他评价因子的基础上,对上海红色文化资源进行评定。

1. 一级红色革命遗址

上海是中国共产党的诞生地、中国革命的摇篮,上海也是中国工人阶级的发祥地、中国改革开放的前沿阵地,有着光荣的革命传统和优秀的历史传承。可以说,上海红色文化资源十分丰富。上海既有承载了革命历史、革命事迹和革命精神的人文景观和自然景观,比如中国共产党第一次全国代表大会会址纪念馆;也有承载了中国人民反对外来侵略奋勇抗争、自强不息和艰苦奋斗精神的人文景观和自然景观,比如上海淞沪抗战纪念馆；还有反映社会主义建设和改革开放的伟大成就的人文景观和自然景观，比如上海城市规划展示馆、上海世博园等。

上海的红色革命遗址遗迹不仅数量众多，而且分量厚重，保护级别也较高。中共一大会址是红色文化的典型代表。作为典型的上海石库门建筑，中共一大会址始建于1920年。1952年9月，会址经修复后作为纪念馆对外开放。1961年3月4日，这一会址被国务院列为全国重点文物保护单位。另外，上海还有位于今老成都北路7弄30号的中共二大会址、东宝兴路254弄28支弄8号的中共四大会址。此外，在上海丰富的红色文化资源中，还包括很多革命性质的团体、组织等因革命需要在此设立的机关组织所在地等。

2. 二级红色非物质文化资源

红色文化资源还包含红色非物质文化资源，如革命精神、政治文化思想、道德传统、理论纲领和政策体系等。中国共产党在上海召开一大、二大和四大等重要会议，并在此商议通过了一系列党的重要文件，锻造了马克思主义政党的崇高理想和历史使命。这些都是珍贵的红色非物质文化资源。

中共二大于1922年7月16日至23日在辅德里625号召开。来自中央局和地方组织的共12人与会，代表当时全国的195名党员。这次会议提出了党的民主革命纲领，提出了党的统一战线思想，制定了第一部党章，比较完整地对工人运动、妇女运动和青少年运动提出了要求，正式决定加入共产国际，并第一次提出"中国共产党万岁"的口号。上海成为党章的诞生地，再一次在党的历史上扮演了重要角色。

中共四大于1925年1月11日至22日在上海召开，出席大会的有陈独秀、蔡和森、瞿秋白、谭平山、周恩来、彭述之等20人,代表当时全国的994名党员。会议明确提出无产阶级在民主革命中的领导权问题,第一次提出工农联盟问题,指出农民是无产阶级天然的同盟者,无产阶级及其政党若不去发动和组织农民斗争,无产阶级的领导地位是不可能取得的。

3. 三级其他红色资源

除了以上列举的红色文化资源之外,上海还有很多其他方面的红色文化资源。例如,为纪念英烈而修建的纪念碑、革命活动发生场地以及从事过革命活动的企业、单位旧址等。这些红色遗址遗迹都有待后人去挖掘和考证,进一步发挥它们的历史价值和育人功能。

上海是新社会力量的集中之地,具有独特的英雄气概和人文气质。作为党的诞生地,上海拥有丰富的红色文化资源,拥有最为初始的红色文化基因。其中的特色和优势,是国内其他城市和区域所不曾拥有的。上海是中国红色文化的源头。从早期的孙中山到后来的陈独秀、李大钊、毛泽东等一批接触马克思主义思想的先进知识分子,都在上海有过大量活动。

上海是革命志士开展革命活动的重要发源地。1920年,李启汉在上海西部的小沙渡工厂建立第一所工人学校,因为那里的工人较为集中。《中国共产党创建与上海》一书提到,上海近代工业发展中的地位,决定了它是新社会力量的集中之地。诸多的"第一",足以使上海堪称全国红色之源。上海红色文化从20世纪二三十年代延续至今,历经百年,仍然熠熠生辉,深刻影响着上海这座城市的文化气质乃至全国红色文化的传播与发展。改革开放以来,上海的红文脉得以被保护和传承,也激励着社会主义现代化国际大都市建设。

随着科技的发展与新媒体的运用,从发展趋势来看,上海红色文化的载体已不仅仅拘泥于革命旧址、纪念馆等,而是变为通过图像、视频等方式,从平面到立体、从二维到三维予以多方位展现。

三、结论与展望

上海有着丰富的红色文化资源。从历史逻辑来看,上海红色文化产生于革命战争年代,是中国共产党带领人民在谋求民族复兴、谋求人民幸福的艰苦斗争中形成的。上海红色文化丰富了中华优秀传统文化精神内核。

(一)整体性研究评价

有学者将上海红色文化资源的形成因素归结为:一是信息系统发达。先进文化的输入和发达的传播信息系统,使上海成为革命知识分子聚集的地方。二是社会基础好。清末以后,上海成为中国知识分子最集中的城市。从1922年到1931年,上海的高校数量每年都在增加,而且还有大批留学生来沪。同时,先进的生产力要素在此聚集。尤其是民族资本主义等的发展,为红色文化的孕育、形成准备了有利的群众基础。三是交通系统便利。20世纪初,上海形成了四大航运体系:内陆河、长江、沿海和海洋。到20世纪30年代,中国的三大航空公司即中国航空公司、欧亚航空公司和西南航空公司都集中在上海。

第五章　上海红色文化资源的评价

从对上海红色文化的研究方面来看,目前学界最紧迫的任务是对上海红色文化进行比较全面的挖掘、整理和研究,为今后上海红色文化的传承和发扬提供学理上的充分准备,并且进一步为本地打造上海红色文化品牌、建设上海红色文化评价体系提供一定的理论依据。

从研究对象来看,应从上海鲁迅纪念馆、中共一大会址到中共四大会址等单一场馆的研究探索拓展到对上海红色文化资源的整体性研究,立足上海探讨如何用足用好红色文化资源,探究上海在整个中国红色资源谱系中的特殊地位和作用。

从研究主题来看,应从文物保护、陈列设计、宣传教育等传统主题拓展到对上海红色文化资源的创新开发利用,如数字化、文化创意、社会教育等,开拓了红色文化传播路径。

从研究内容来看,研究者应更注重资源内涵研究,挖掘红色故事,凝炼革命精神,探究上海红色文化资源的政治价值、文化价值、教育价值以及红色基因传承和红色资源运用等。

另外,在中西方文化不断交流、融合的大背景下,探讨红色文化资源与学界提出的江南文化、海派文化等的相互影响,也是值得注意的问题。

不过,系统性评价体系的欠缺,使得上海红色文化资源较为缺少规划的指导参考依据,很难全面发挥其独特的优势和应用价值。

(二) 经验与借鉴

上海是一个有着丰富历史底蕴的现代化国际大都市,具有悠久的革命史、建设史和改革发展史,蕴含着丰厚的红色文化资源。用好红色资源,传承红色文化,对于弘扬先烈精神、再现光辉历史、传承红色基因具有十分重要的意义。摆脱传统意义上红色文化遗产参观所受的参观时间、解说水平等条件的束缚,能够提供充分的信息以及能够抓住各年龄段人群兴趣的多元化、多层级史实和价值展示,可以有效激发不同游客群体的关注意识,对提高游客的满意度和体验感有很大帮助。例如,龙华烈士陵园基于上海市红色文化资源优势,打造有不同针对性的党性教育精品课程等。

作为构建上海城市精神和城市文化的文化品牌之一,上海红色文化在近百年的中国革命、建设和改革发展历程中具有重大的文化价值。上海是中国共产党的诞生地和拓展地,是党的伟大事业的起始地之一;新文化运动后期中心由北京(原北平)转移到上海,近代中国反帝反封建的伟大使命在上海继续书写延续下去,进而扩展到全国各个地区。这些红色因子逐渐开始形成真正意义上的"红色文化"。革命时期的红色文化延续到中华人民共和国成立后的国家建设和发展中,则演变成新上海精神,构建了上海新型现代化精神文明建设,引领全国精神文明和文化事业发展。今后的研究还应在上海红色文化与其他地方红色文化比较的基础上,把上海红色文化与江南文化、海派文化相融合,深入挖掘和探讨上海红色文化的核心内容,精准提炼上海红色文化的精神特质,探讨其在中国红色文化中的独特价值,进一步彰显上海作为中国共产党、中国革命、中国红色文化的源头和诞生地的重要文化地位。

红色文化资源是上海的宝贵财富。全面探寻如何有效地管理和保护上海文化资源以及如何传承和发扬上海红色文化是重中之重。2021年5月12日,时任上海市委书记的李强同志在主持召开城市软实力专家座谈会时指出,要提高适宜的人居体验、美好的生活体验、具有未来感的城市体验;要让上海的红色文化、海派文化、江南文化更好地连贯起来、展示出来,更具魅力和吸引力。借助红色时装周、红色视觉展、红色剧目演、红色主题游,创新红色文化传播手段,拓展红色传播空间,提升红色文化情感体验,活化红色文化历史记忆,将红色文化与具有烟火气的时尚文化相联结,与大众的日常生活相联结,可望提升红色文化的人居体验感和传播力,使其成为建构上海文化底色的典型符号。

在有效管理和保护方面,要针对上海物质形态的红色文化,采取相应的政策和策略;在传承和发扬方面,更多地倾向于上海精神形态的红色文化。未来研究的重要任务包括全面挖掘上海红色文化、保护革命红色遗产、打造上海红色文化品牌、讲好上海红色故事、不断提升上海红色文化的国际影响等方面,要充分发扬上海红色文化蕴含的革命和建设精神,深入挖掘上海红色文化的重要价值和重大意义,着力把上海打造成为红色文化的重要基地。

(三) 需要进一步加强的工作

上海虽在红色资源的保护、利用方面做了大量工作,但在内涵挖掘、利用方式、整合传播以及保护力度等方面仍需要进一步加强。

1. 内涵挖掘不足制约了红色精神的阐释

上海红色文化精神的内涵挖掘及影响力与之本身远不成正

比,相比井冈山、遵义、延安等地仍有较大的发展空间。更具值得商榷意义的是,由于中共一大会址被新天地的光环所笼罩,甚至有年轻人偏颇地认为中国共产党创立初期条件很好,开会选在了毗邻小资空间的市中心位置,并未觉得如何艰苦卓绝。

上海虽然在红色旅游建设中成绩显著,但发展速度过快导致了旅游质量的不足,对红色文化资源所蕴含的"见人、见史、见精神"新时代价值和深层内涵挖掘远远不够,旅游景观规划稍显表面化,以游客游览量为重点而忽略了对红色资源的保护和红色精神的发扬。除了红色旅游的文化内涵没有得到凸显,红色文化、都市文化、海派文化这三种文化在改造过程中,也没有得到很好的结合,特别是各区展示改革开放成果,需要进一步打造"红"的效果。

2. 利用方式单调削弱了红色文化的影响

纵观上海的红色文化遗产,总体上比较局限地定位于红色文化资源的展示机构和参观景点,大多数都是以抗战遗址纪念馆、名人故居纪念馆、组织机构旧址纪念馆等形式存在,部分红色旅游景点本身规模较小,现状也有一定的局限性,参观主体物比较单一,文化设施布局形式较为单一,教育形式单一。红色文化展示通常只发生在单独点状的遗产地,对于每个遗产地在时间或空间上形成的线性、群组式,带有整体关联性的空间展示尚未可得。

上海红色文化资源的开发利用方式目前仍大多是静态的博物馆式陈列、文字加图片的平面介绍,主要停留在一般的参观讲解上,情景式、体验式、融入式教育少,总结提炼、内涵拓展较少。此外,当参观者结束了红色文化遗产地的参观之后,并未有可供选择的红色衍生产品,更没有可形成用户黏性的措施,使得其对于红色文化遗产的感知仅局限于参观的某一时刻,这在信息化时代很容易消解红色文化的影响力。在媒介融合时代,在多元价值主张碰撞的年代,在红色文化代际传承的现实需求下,如何以年轻一代愿意参与、乐意传播的方式供给红色文化产品,是上海红色文化遗产协同发展的关键。

3. 红色文化资源整合力度不够,传播能力需进一步增强

虽然从总体上看,上海红色文化资源点多量广,红色文化资源高地态势正在形成,但离全国一流品牌影响力还有距离,存在"有高原、缺高峰"的问题。由于行政隶属关系、产权性质不同等因素,上海红色文化旧址遗址之间的内在串联、红色文化主题场馆的协同联动较少,红色文化资源"菜单多、套餐少",综合效应未充分发挥。比如在文旅结合方面,经典的红色旅游线路还不够多,缺少有知名度和影响力的旅游品牌。红色文化与旅游在融合数量上不太乐观,主要体现在大部分的红色革命遗址未被转化成旅游景点,文化旅游产品的转化率偏低,红色旅游发展不均衡,在整体旅游市场所占比例偏低等问题。

另外,上海还存在多种旅游资源整合力度不够的问题,各红色旅游景点分属各地区、系统管辖,由于景点各自为政,各个景区之间以及红色景区内部缺少联动发展,呈碎片式开发。即便是红色旅游经典区,也缺乏资源的整合和联动以及精心打造。低层次开发较严重,忽视红色旅游的本质属性及可持续发展,形成自发的点状发展态势。总体而言,上海红色文旅各个方面的融合深度和广度都还有待提升,仅有少部分红色革命遗址转换为红色旅游产品,且旅游热度较低。"党的诞生地"这一核心红

色文化品牌的价值被低估,上海距离打响该品牌还有一定的距离。

4. 红色遗址保护力度有待于进一步加大

上海拥有大批红色史迹,然而由于岁月推移和城市建设,许多重要革命旧址已陆续消失。对红色遗址保护、利用的重要性认识不足,因城市建设和经济发展,人为侵占或拆毁红色遗址的情况偶有发生。部分红色遗址"改头换面"被淡忘,一些在党的历史上具有相当重要地位的红色遗址,在城市动迁和开发中没能得到有效保护、开发与利用。有的红色遗址比较破旧,有的仍为居民住宅,周边环境很差,超负荷使用、消防隐患等问题影响着这些历史建筑的安全和寿命。个别现存的遗址建筑原有的风格遭到了破坏,与周边环境显得不够协调。在大规模的城市建设、改造过程中被拆除的重要的红色遗址,没有留下任何标识,导致一些红色文化遗产信息永久消失。各遗址分别隶属不同的部门管理,缺乏统一规范的管理措施,保护、开发、利用的情况很不平衡,难以实现有效的优化整合等。这些红色遗址没得到应有的重视和运用,需要更加关注。

参考文献

[1] 艾娟.感动:心理学阐释及其作为社会情感治理策略[J].学术交流,2020(5).

[2] 曹学文.红色文化遗产及其开发利用研究[D].湘潭:湘潭大学,2008.

[3] 冯淑梅.上海红色文化遗产价值阐释路径研究[D].上海:上海师范大学,2022.

第五章 上海红色文化资源的评价

[4] 付岗,王常红.河北省红色旅游资源的评价体系及实证研究[J].燕山大学学报(哲学社会科学版),2005[6(增刊)].

[5] 高福进,孙冲亚.上海何以堪称"全国红色之源"[N].解放日报,2019-12-24.

[6] 谷秋琳,蔺宝钢.艺术介入视角下城市红色文化遗产地展示的场所空间更新策略——以陕北为例[J].城市发展研究,2021,28(2).

[7] 胡君茹.上海都市红色旅游资源的融合发展[J].市场周刊,2020,33(9).

[8] 黄莉,袁莹,周芷秀,等.长汀红色文化旅游资源评价及应用研究[J].武夷学院学报,2022,41(1).

[9] 季翔.红色文化资源对于上海城市软实力的价值思考[J].现代商贸工业,2022,43(17).

[10] 李晓琴,银元,何成军.新时代红色文化资源的价值重构:驱动、内涵与科学问题[J].西南民族大学学报(人文社会科学版),2022,43(1).

[11] 刘思瑶.上海红色文化旅游资源空间结构研究[J].合作经济与科技,2021(4).

[12] 罗玉梅,姚青石,徐浩然.昆明市红色文化遗产保护的再思考[J].城市建筑,2021(1).

[13] 齐卫平.中国共产党红色文化的上海形成[J].晨刊,2022(1).

[14] 任伟,陈显鸿.基于三维可视化技术的上海市红色文化遗产价值阐释研究[J].城市建筑,2020,17(31).

[15] 史学健.用好红色资源传承红色文化[J].群众,2019(19).

[16] 唐莉萍,冯淑华.红色旅游资源的文化遗产价值及其评价——以南昌八一起义纪念馆为例[J].旅游研究,2011,3(2).

[17] 唐黎,李明峰.基于层次分析法的红色旅游资源模糊综合评价研究——以兴安县为例[J].兰州商学院学报,2007,23(1).

[18] 王彦昊.发挥红色文化的多维功能[J].理论导报,2020(2).

［19］王艳华,李琰.试论琼崖红色文化资源的开发与建设路径[J].湖北函授大学学报,2015,28(18).

［20］薛峰,张文,吴浩波.发挥上海红色资源优势打造党性教育精品课程:以龙华烈士陵园为例[J].党政论坛,2018(10).

［21］杨琪.江油市红色文化旅游资源分析评价与开发建议[J].西部游,2022(1).

［22］易璐,刘志刚,曾智斌.基于CiteSpace的我国红色文化研究进展及趋势分析[J].江西理工大学学报,2022,43(3).

［23］张春莲.红色旅游资源统计与协同开发研究——以上海和延安为例[J].安阳师范学院学报,2020(5).

［24］张磊.上海红色文化遗产的协同发展初探[J].上海艺术评论,2021(3).

第六章
上海红色文化资源传承利用的创新机制

红色文化是中国共产党带领中国人民将马克思主义与中国实际相结合进行革命、建设和改革的实践过程中积淀起来的先进文化,蕴含着丰富的革命精神和厚重的历史文化内涵。传承利用红色文化有利于构筑中国精神、凝聚中国力量,为广大人民在党的领导下不断奋斗实现中华民族伟大复兴提供前行动力。

上海作为中国共产党的诞生地,在革命、建设、改革开放和中国特色社会主义新时代等历史时期形成了大量的重要革命遗址、旧址、纪念设施或者场所,以及重要的档案、文献、手稿、声像资料、实物等,这些共同构成了丰富且具有上海特色的红色资源。

2021年6月25日,习近平总书记在主持中共中央政治局第三十一集体学习时强调,"用好红色资源、赓续红色血脉","红色是中国共产党、中华人民共和国最鲜亮的底色"。红色资源是中国共产党在领导我国革命、建设和改革开放的伟大实践进程中积累的先进思想理论精髓。红色资源作为一种不可再生的宝贵资源,既是红色文化生产与创作的资源库,也是红色文化生动传播的基础。

一、优化资源配置

红色文化资源作为进行理想信念教育的生动教材,对于加强党的政治建设、思想建设,永葆党的先进性、纯洁性具有重要意义。习近平总书记指出,历史是最好的教科书。对于共产党人来说,中国革命历史是最好的营养剂。重温这些伟大历史,心中就会增加很多正能量。我们要深入挖掘红色资源的历史内涵和时代价值,引导人们深刻理解历史和人民选择中国共产党的历史必然性,进一步增强走中国特色社会主义道路、为党和人民事业不懈奋斗的自觉性和坚定性。在实际应用中,弘扬红色文化可以采取课堂教学、现场教学、访谈教学、音像教学、座谈讨论等方式,讲好党的光辉历史、光荣传统、优良作风,不断丰富教育内容,建立健全红色教育基地,深入研究红色资源中的先进思想理论,开创中华优秀传统文化继承基础上的时代之"果"。

(一)加强红色文化资源场馆建设

红色场馆是红色文化教育的阵地,也是集聚型的红色文化宣传教育和交流合作平台,让红色场馆的宣传、教育能在更多的空间发出声音、产生效应,对于增强文化自信以及建设文化品牌等都具有重要的作用。

在红色场馆建设方面,第一,场馆的主体工程建设应能够集中体现红色文化内涵,要能够结合相关文物、历史、建筑、遗址遗迹等的特点,设计并建立具有红色文化内涵、特色的红色展馆、红色演播大厅、红色墙裙、红色走廊、红色陈列室、红色农场等;第二,在基地配套设施建设方面,如道路设施、水电设施、通信设施、安防设施、休闲娱乐设施、餐饮住宿设施等,应按照实用性与艺术性相结合的原则,尽可能体现基地的红色文化内涵;第三,以红色文化为依托开展红色教育,包括策划红色基地游学活动、举办红色基地研修培训、开放红色基地展览展示、组织红色生活体验等,通过这些方式在实践中落实思想政治教育,对广大党员干部、学生和群众进行精神洗礼。

红色文化资源是传承红色基因的重要宝库,是赓续红色血脉的重要源泉,同时,红色资源还具有铸魂育人的特殊教育价值。对于红色场馆来说,讲好红色故事,推进爱国主义教育,与革命先辈隔空对话,让参观者从展览中得到启发、受到触动,自觉传承红色基因、传播红色文化,这就需要打造文化品牌,让红色思想走进人们心中,让红色文物活起来,为无言的历史插上有形的翅膀。

红色场馆还要能够综合运用视频、场景、艺术品、互动体验、电子导览等展陈方式,多维度、创造性地呈现历史情境与人物事迹,从现代人观展的需求和习惯出发,进行空间布局构建、设计参观路线、设置引导标识等,使布局更加科学合理,符合现代潮流趋势。实现传统方式与现代科技的有机结合,拉近观众与展品的时空距离,加强观众与红色历史人物的心灵对话。

在场馆建设方面,还要加强馆际协同和区域协同,可以专题的形式梳理不同场馆现有资源,整合分散各处的红色资源,构建红色资源库体系,将红色历史的时间脉络和空间地域串联起来,加强红色历史的连续性和整体性,更加立体真实地还原历史原貌,实现红色资源的共用共享。注重"因地制宜",结合本地和区域特色围绕红色资源开展特色利用服务。还可以利用线下渠道,通过巡回展览扩大线下利用服务范围。注重文创产品的开发,打造红色品牌,借助红色品牌的口碑和影响力推动红色资源的利用服务。开展寻访、红色夏令营等形式多样的专题活动。

深度挖掘现有红色资源,充分拓宽红色资源的表现形式和利用、服务形式,让内部红色资源建立相互联系,注重资源协同,包括现有资源之间、潜在资源之间以及现有资源和潜在资源之间的协同。现有资源之间的协同包括相关场馆内部资源之间以及不同场馆资源之间的协同。同时,加大对潜在红色资源的挖掘,向社会征集各类红色资源,不断丰富扩充红色资源数量,形成具有当地特色或场馆特色的红色资源库。

通过参观重要旧址、遗址、纪念设施、场所等红色资源实现面向社会的爱国主义教育服务。如上海市龙华烈士陵园设有"致敬英雄"和"四史教育"两条参观路线。"致敬英雄"路线包括礼兵祭扫仪式、纪念场馆参观讲解、将英烈精神带回家(免费提供英雄书签)和桃花树悬挂龙华寄语;"四史教育"路线包括纪念馆外参观讲解、《胜利》雕塑前宣誓和献花、遗址区展厅 VR 展项体验和四史微课等。

(二) 校馆联合搭建"大思政课"育人体系

2021 年 3 月 6 日,习近平总书记在看望参加全国政协会议的医药卫生界、教育界委员时,提出了"大思政课"的概念,强调要善用"大思政课",将思政课与现实结合起来。党的二十大报告强调要"用社会主义核心价值观铸魂育人,完善思想政治工作体系,推进大中小学思想政治教育一体化建设"。红色资源作为红色文化的物化载体,是我们党艰辛而辉煌奋斗历程的见证,是最宝贵的精神财富,只有增强红色资源的表现力、传播力、影响力,才能生动传播红色文化。"大思政课"的实质仍然是思政课,其功能定位在育人。大中小学一体化建设,旨在促进学校思政教育发展,并在此基础上,实现用社会主义核心价值观铸魂育人的特殊功能。从传播的内容上来说,红色文化的有机融入能够拓展思政课的外延,使得"大思政课"建设在内涵上更加丰富,在外延上更加具体和具有鲜明的指向性。可以说,传承好、弘扬好红色基因也是"大思政课"以文化人、以文育人价值诉求的重要实践途径。不过,一些地方和学校对"大思政课"建设的重视程度不够,开门办思政课、调动各种社会资源的意识和能力还不够强,对实践教学重视不够,有的课堂教学与现实结合不紧密,大中小学思政课一体化建设亟待深化,有的学校第二课堂重活动轻引领,课程思政存在"硬融入""表面化"等现象。

2022年7月,教育部等十部委印发《全面推进"大思政课"建设的工作方案》,其中指出,党的十八大以来,特别是习近平总书记亲自主持召开学校思想政治理论课教师座谈会以来,思政课在党中央治国理政战略全局中的地位日益凸显,发展环境和整体生态发生根本性转变,习近平新时代中国特色社会主义思想铸魂育人成效明显,思政课建设全面推进。

通知要求各地要建好用好实践教学基地,分专题设立一批"大思政课"实践教学基地,发挥好高校思政课教师研学基地的实践教学功能。各地教育部门要结合实际,积极建设"大思政课"实践教学基地。大中小学要主动对接各级各类实践教学基地,开发现场教学专题,开展实践教学。有条件的学校可与有关基地建立长效合作机制,加强研究和资源开发。各基地要积极创造条件,与各地教育部门、学校建立有效工作机制,协同完成好实践教学任务。

在这方面,上海市相关部门先后制定出台了《关于深化新时代学校思想政治理论课改革创新的实施意见》《上海学校思想政治理论课改革创新行动计划》等,积极构建"三圈三全十育人"思政工作体系。为强化制度保障,上海市开展思政课教师大备课、大培训、大比武、大巡展,打造"空中课堂""行走的课堂",强化示范引领。在学校层面,建立健全领导体制和工作机制,全市所有高校都成立了思政工作领导小组,统筹推进思想政治工作,形成学校思政课建设方案,健全课堂教学管理办法。挖掘不同专业课程的思想政治教育资源,修订专业人才培养方案,全面开展课程思政教育教学改革。

学校要把红色基因渗透到学生的精神血脉中,坚持将立德树人当作学校教育的根本,把弘扬红色资源当作对学生全方位、全程教育的重要内容。同时,学校要重视发掘革命烈士、劳模等先进典型,找准传承红色基因的培育点,激发革命老区、中国红色文化资源最丰富地区学生的积极性,讲述红色故事,培育自觉弘扬和传承红色基因的一代新人。

思想政治教育是传承红色文化的前沿阵地,要传承红色文化,就必须推动实现红色文化与思想政治理论教育的有机融合。在实践教育环节,主动对接红色场馆,解码红色基因、回顾红色历史、利用红色资源,是进行思想政治教育的重要路径。主要的

第六章 上海红色文化资源传承利用的创新机制

做法有：

第一，在开展思想政治教育时，学校应坚持感性与理性、历史与现实、内容与形式并重的原则，挖掘、提炼、深化红色文化中具有真理性和现实性的素材，建立数字化红色资源数据库，发挥自身研究优势，对图书、故事、音乐等区域红色文化资源进行归纳整理，对红色文化资源进行挖掘整合，依托现代化手段对其进行开发和深度转化，充实红色文化的丰富内涵，拓展红色文化的传播路径。

第二，要将红色文化教育融入思政课和专业课程的培养方案、大纲和教学体系，结合学生特点，结合社会热点问题，赋予红色文化以时代气息，着力让课堂"红"起来，提高思想政治教育教学实效。

第三，丰富校园文化内涵，营造先进文化环境，以红色文化为内容打造集时代性、思想性和趣味性于一体的品牌活动，以"五四"青年节、"七一"建党节、"八一"建军节等重要时间节点为契机，深入开展特色鲜明的主题教育活动，让学生体会感悟红色文化，实现大学生的红色文化自觉。

第四，通过情景模拟、虚拟仿真等社会实践活动微视频，以年代感和时代感相统一的方式演绎，使学生近距离感受红色文化的精神意蕴，并以此为契机，激发学生成立红色文化社团，拍摄红色文化，传承红色文化。

第五，通过网络空间，搭建学生精神文化的新高地，创设独具魅力的网络"新课堂"，让大学生全时空地体会红色文化的魅力，实现课堂内外、线上线下、理论实践的有机融合，使红色文化教育内化于心、外化于行。

第六,要创新红色文化历史教育,以客观、理性的态度纠正传统教育的偏差,引导大学生理解、反思、认同红色文化。通过宣传红色文化中革命先辈的高贵品质、理性分析重大历史事件、科学阐释重要理论著作,使大学生获得深刻的情感体验,学习辩证思维和历史唯物主义,认识到历史虚无主义否定党执政的政治正当性、历史必然性和现实合法性的不良企图,认识到解放思想、实事求是的当代意义,使大学生在强化历史记忆的同时筑牢实现中华民族伟大复兴的中国梦。

在开展大学生社会实践活动中,充分发挥爱国主义教育基地、红色文化教育基地等的作用,使大学生能够更加深刻领会到党的领导是历史的选择、人民的选择,从而增进对党和社会主义国家的认同,牢固树立和践行社会主义核心价值观,成长为勇担社会责任的有用人才。

(三) 建设红色资源传播的网络阵地

随着信息传播技术发展,各种新兴传播形式不断涌现,如博客、播客、微博、微信、QQ、IPTV、数字电视、手机媒体等。作为新兴媒体,其迅速快捷、时效性高、内容丰富的特点广受年轻人喜爱。传承利用红色文化要紧跟时代步伐,注重提升传播技术的时代性,融合运用各种新兴媒体,不断开发和创新传播技术,以提升传播活力、增强传播效果。

通过线上信息应用平台对红色资源进行整合汇集,实现红色资源的利用服务线上线下双渠道互联互通。新兴媒体依赖于互联网技术而发生作用。融合运用新兴媒体传播红色文化,要以互联网为中心融合其他新兴媒体进行优势整合,创新传播方式,例如网络直播、网络短视频、微信平台、微博、客户端等;大力推进"互联网＋"红色文化资源传播模式的时候,要善于利用互联网对红色文化资源进行全景式、立体式、延伸式的展示宣传,引发全网关注、全民关注,最大限度扩大受众覆盖面,在网络平台点亮"红色文化"关键词,让红色文化更具影响力。

在"三微一端"的红色文化传播方面,可通过科学规划红色文化的模块,将红色文化视觉表达通过矩阵式传播呈递受众,增强其趣味性和实现其可视化。在媒介融合趋势不断明显的背景之下,利用"沉浸模式"、微端表达以及全息呈现等方式推动红色文化朝着更加接地气的方向融合发展,红色文化应多平台、多渠道传播,红色文化情景传播可以其带来的沉浸式、交互式、仿真式的受众体验增强红色文化的可视性和在场感,使得红色文化更加立体化和具象化,给受众带来审美愉悦的同时,实现受众对于红色文化的价值认同和情感共鸣。

红色遗存所保留的场域能够为人们提供重塑红色历史记忆的空间,强化人们对红色文化的认同。我国的革命遗产形式多样,内容丰富,但这些红色资源分布较分散,陈列方式较单一,传播的聚合效应和示范效应不强。因此,借助融媒体平台加大红色文化宣传,形成红色资源共享联盟十分重要。可利用线上博物馆、数字化红色历史展览馆,有效打破时空限制,提高资源开放与共享程度,实现用户与展品的高度互动。

在具体实践中,运用人工智能技术、VR 技术、AR 技术能够为观众提供沉浸式的红色文化体验,有助于观众深刻了解红色文化。如在构建红色网络阵地时,将智能技术应用在建设主题公园、体验馆、革命纪念馆、数字博物馆等,使用 AR 技术建造超现实空间,利用 VR 技术将革命故事展现在观众面前;通过扫描二维码自动识别红色文化人物,提供智能视频、全景图展示,打破空间限制,让观众了解更多细节。依托融媒体平台,为红色文化打造独具特色的具象化、可视化的节目,以新颖的方式展示红色文化,让观众主动参与,产生身临其境的感觉,感受红色精神,推动红色文化传播。

红色资源作为思政课教学的组成部分,发挥着重要作用。高校的思想政治理论课要充分利用学生擅长使用的信息化手段来做好红色文化"三进"工作。在思想政治理论课视频公开课网站、精品课程网站等网络教学平台上展示红色文化的教育资源,利用微信公众号、微信群、QQ 群等社交平台解答学生的问题,加强师生互动,解决学生思想认识上的困惑。

二、完善市场机制

习近平总书记在十九届中共中央政治局第三十一次集体学习中提出了重要指示:"打造精品展陈,坚持政治性、思想性、艺术性相统一,用史实说话,增强表现力、传播力、影响力,生动传播红色文化"。建立完善的市场机制是"生动传播红色文化"的根本保证。

(一) 全面开放的市场机制

在传播红色文化过程中,要建立全面开放的市场机制。

一方面,从文化市场的供求来说,可以通过调节红色文化资

第六章 上海红色文化资源传承利用的创新机制

源配置的功能,优化红色文化产品的供给与需求关系,为红色文化产品的生产与经营者提供市场需求信息,为红色文化产品的消费者提供市场经营信息,通过市场机制来主导配置红色文化、传播红色文化。另一方面,在文化市场内部,红色文化的生产与经营者并非完全是为了经济利润,他们为了提高消费者的文化品位,通常以低费用乃至免费的销售方式进行红色文化产品的交换,这就在一定程度上拓展了红色文化传播的范围与方式。同时,文化市场不仅拥有红色文化产品的生产与经营机构,还有为实现红色文化产品生产和交易提供资金等保障的金融及中介机构等,它们能够有效建立文化企业与消费群体、文化企业与传播媒介等之间的联系,创新红色文化的交换及传播方式。此外,文化市场还具有一定的政治功能,可以有效利用政府促进政治发展、提高人民综合素质的政策,将红色文化产品的传播方式纳入公益性宣传中,营造良好的红色文化传播氛围,更好实现红色文化的社会化传播。

在红色资源的经费保障方面,《文物保护法》第十条规定了文物的保护经费来源主要是国家用于文物保护的财政拨款。如国有的博物馆、纪念馆、文物保护单位等有事业性收入和通过捐赠等方式设立的文物保护社会基金,因而这类场馆不宜实施营利性的经营制度。对于尚未纳入为文物保护单位的红色文化资源,可在一定程度上借助市场经济运行规则开展经营,形成政府投资与市场融资齐头并进的机制。如通过一些优惠政策或适当的财政补贴、贷款贴息等方式来鼓励开发商或私人机构对红色文化资源保护的投资和参与;或将红色文化资源的保护和改造利用作为地区规划发展的一个组成部分,通过适当提高周边土地价值或要求开发商承担部分保护建设的费用,来解决红色文化资源保护利用中的部分资金问题。

此外,要能够调动红色资源内在的各部门的力量,充分实现各部门的有序合作,在各部门的协同合作中使红色资源库整体发挥"1+1>2"的利用机制。要以社会大众需求为导向,结合新兴技术,通过部门协同不断丰富拓宽红色资源的表现形式和利用服务形式,实现红色资源的菜单式利用服务和个性化利用服务的定制,满足不同受众的一般需求和个性化需求,通过多样化的表现形式展现红色历史,激发社会大众的参与热情和兴趣,在表现形式上注重现代化。要注重打造红色品牌,借助红色品牌影响力延续红色资源的利用服务。注重"因地制宜",结合地域特色围绕红色资源开展特色服务。

(二) 公众参与的激励机制

在红色资源的保护利用方面,需要跨界协同和社会参与。通过广泛汇集社会各界力量,使红色资源的传承利用更适应时代和大众需求,实现红色资源利用的优化升级和可持续性发展。

首先,要形成对红色资源积极认同的公众参与的组织文化。鼓励公众以多种方式参与到红色记忆的共建过程中,并建立长效的激励机制满足公众的绩效期望,满足其拓展知识、享受乐趣和自我实现的愿望。其次,要能够形成多样化的公众参与红色资源建设与开发的贡献形式,使得公众成为参与红色资源开发的主体而非被动的接受者。公众可为红色资源开发的政策、规划等的制定贡献智慧,实现"群策群力",确保红色资源开发的可

第六章 上海红色文化资源传承利用的创新机制

持续与科学性;公众也可以参与到红色资源的内容组织、加工过程中。因为红色资源在内容上有其自身的特殊性,可吸纳具有专业知识背景的特定个体对相关内容进行著录、标注等,提升红色资源的检索效率。另外,公众还可以通过线下红色场馆提供的平台主动上传、分享自身所拥有的红色档案资源,如亲历者、遗属可上传红色年代的照片、日记、录音等,对红色历史有了解或研究的个人也可对红色资源的内容进行解读和分析,从而扩充红色资源的内容,丰富红色记忆。

在积极推动公众参与红色资源建设方面,早在2018年4月,上海便探索了"红色护照"模式的可行性。全体驻沪部队官兵都陆续领到该护照,可持照前往上海市22家著名红色场馆参观。此举系上海遵照习近平总书记在党的十九大报告中提出的"要加强军队党的建设,开展'传承红色基因、担当强军重任'主题教育"的要求,结合上海"开天辟地——党的诞生地发掘宣传工程",而在全国率先推出的举措。由上海市双拥办、市民政局发行的"红色护照",纳入了烈士纪念设施、全国爱国主义教育基地、国家级抗战纪念设施(遗址)以及见证上海城市发展历史的22家场馆,包括中共一大会址、中共二大会址、中共四大纪念馆、市龙华烈士陵园、宋庆龄陵园、鲁迅纪念馆、陈云纪念馆、上海城市规划展示馆等。驻沪部队官兵可持照前往各个场馆参观学习,在中国共产党人梦想起航的地方,感受中共最本源、最纯粹的文化基因、精神灵魂和历史根脉,领略上海城市的红色文化、革命文化、先进文化特质,体会革命先辈的艰苦奋斗与无私奉献的革命精神;还可在各红色纪念场馆敲盖场馆纪念章,并永久保留红色护照,作为曾经守护上海、保卫上海、参与上海建设的见证。

上海的每一处红色资源,每一段红色足迹,都凝结着革命先辈艰苦卓绝、荡气回肠的动人故事,值得深入挖掘、广泛传扬。上海持续推动红色旧址遗址成为党史"教室"、文物史料成为党史"教材"、英烈模范成为党史"教师",以精品展陈吸引人、以精彩故事感染人。上海持续推出红色主题文艺精品,包括电影《1921》、歌剧《晨钟》、舞剧《永不消逝的电波》、长篇小说《千里江山图》等,启发人们铭记革命先辈的奋斗牺牲和崇高风范,这些作品广受好评。上海持续开展"永远跟党走""强国复兴有我"等群众性主题教育活动,组织百万青少年进行红色大寻访,举办丰富多彩的体验教学和主题党日活动,引导人们尤其是青年一代深刻感悟党的百年历程——奋斗的艰难、精神的崇高。

拓宽红色资源的利用领域,不能局限在红色场馆内。如推进红色资源进校园,将红色资源主题展览在学校流动展出,借助学校天然的教育优势,深度挖掘革命烈士校友相关的红色资源,形成校园专题展览、教学案例库等,可以通过英雄和榜样的力量增强学生的国家认同感,使其坚定理想信念。

增加社会参与度,让更多的社会大众共同参与到红色资源传承利用工作中。青少年、党员干部以及社会大众,既可以作为红色资源的利用者,如观看红色资源主题展览等,也可以作为红色资源利用服务的提供者和监督者,如参与红色资源主题展志愿讲解、红色人物口述档案采集、红色资源市民巡访团等。

另外,为社会民间组织建立红色文化研究的管理协作机制和合作平台,创新非政府组织登记制度,为社会民间组织提供良好的政策保障、制度保障和税收保障也很重要。如上海市虹口区成立的红色文化建设专家委员会,承担了政府和市场、政府和社会、政府和企业之间的协调作用。同时,积极构建鼓励公众参与的机制,公众参与是支撑红色文化资源保护传承的持久而重要的力量,要健全保护利用的社会投入体系。如面向社会试点开展"认护革命文物"活动,吸纳社会资金投入文物保护;招募红色旅游志愿者,招募大学生进行口述史的采集和整理工作,鼓励公众参与讲述红色故事,等等。从而形成全社会关心、爱护并参与红色文化资源保护的氛围,把红色文化资源保护工作置于全社会的关注和监督之下。

(三) 媒介融合的创新传播机制

新兴媒体的迅速发展对传统媒体造成了巨大的影响和冲击,但传统媒体在受众心目中仍然占据重要地位。较之于新兴媒体,传统媒体具有较高的地位和权威性、官方性较强、内容优质、可信度高的优势。这使得传统媒体在今天这样一个多元化媒体共存的时代,仍然起到引领舆论的关键作用。

深化应用传统媒体,发挥传统媒体的独特优势,引导红色精神成为社会主流价值观、红色文化成为社会主流文化。深化应用传统媒体包括两个方面内容:一方面,要进一步深化应用报刊、广播、电视、户外四大传统媒体。具体包括设置中央和地方的红色电视频道;开设专门的红色广播电台;创办各个级别的红色报纸和杂志;利用设置在户外的一些媒体表现形式宣传红色文化,如路牌、阅报栏、地铁、场馆广告牌、楼顶广告牌、出租车、公交车等。另一方面,要结合新技术新手段,进一步深化创新传统媒体的表现形式,例如地铁数字屏幕、楼顶和场馆数字广告牌、电子阅报栏以及网络报刊、数字电视、网络电视等。

媒体融合为红色文化的传播提供了新路径,红色文化传播需要融合思维,加强传统媒体和新媒体的融合。因此,可以利用新老媒体各自的优势,让传统媒体与新媒体技术实现交互融合,以生活化、故事性强的叙事逻辑,拓展多元化的红色故事传播。不同的叙事逻辑和叙事技巧有助于增强红色文化的吸引力,在红色故事中融入宏观与微观叙事、理论与生活叙事等方法,有助于提升红色文化的传播力。

红色资源的创新传播存在着确定性与超越性双重结构。一是确定性,红色资源的物质性存在是确定的,如遗址、遗迹、历史文献、影像资料等;同时,红色资源阐释的基本原则也是确定的,如必须符合中共党史权威表述、革命历史客观进程、主流意识形态的原则性等,这种确定性是创新传播不能突破的框架,也是调动红色资源认知图示和象征性惯习的来源。二是超越性,红色资源基于多元的传播情境,需要创新叙事文本,媒介化社会的当下,红色资源要为弘扬主流文化建设持续提供有生命力的符号化资源,需要更尊重媒介逻辑以实现历史性的超越。红色资源的创新传播关键是寻求这个双重结构的张力与平衡。在强调媒介化力量的同时,我们也应看到红色资源作为一种语境场域,有其自身的惯习,这又反过来影响媒介逻辑对文化领域的介入与影响。作为历史变迁的过程,媒介化更重要的是它质化的维度,即与特定媒介相关联的社会与文化变迁,立足于媒介化的质化

第六章　上海红色文化资源传承利用的创新机制

维度,才能让红色资源在下一个百年中成为赓续红色血脉、走好新时代长征路的重要资源。

在媒介融合背景下,红色文化传播呈现全媒体、多样态的融合发展趋势。受众在沉浸式、互动性强的红色故事场景中,更能领略红色文化的精神动力和价值引领。资源丰富的红色文化传播与融媒体平台深度结合,实现了传播形式、传播载体的创新,使红色历史、红色遗存、红色精神、红色人物以崭新的面貌,个性化、拟人化的生动形象得以呈现。

红色文化要避免僵化传播,通过媒体的创新融合,可以扩大传播效果。在2020年的"5·18"国际博物馆日,社会公众可以直接在手机上"参观"中共一大会址:打开直播链接,手机变成了一个高清摄像头,可以从不同方向旋转观看展厅的细节。短短半小时,这场直播就吸引了8.47万人次观看。评论区里有人赞叹:"太喜欢了,党史还能这么学!"这场直播得以实现,靠的是全新"5G+VR"云直播技术。在上海,越来越多的新技术被用以讲活历史故事,用活红色资源。上海人民出版社与相关平台合作上线了有声电子书"重温红色历史,书写时代华章"专辑,读者可随时随地"听书"。

全息影像技术、互动投影技术、沙盘活化技术、AR(增强现实)、VR(虚拟现实)、虚拟漫游、环幕影院等现代展示技术的发展和普及,为红色文化展览和展示提供了新手段,为提升红色文化传播内容的感染性开辟了新思路。红色文化展览展示要在传统的听解说、看实物、观图片的展览手段基础上,综合运用各种现代展示技术,以提升红色文物、红色遗迹、红色故事等红色文化资源的展示水平,生动呈现革命战争年代和社会主义建设时期的那些可歌可泣的红色故事,让红色文化在各类展示中"活"起来。一方面,要利用现代展示技术打造"沉浸式"参观体验,通过特定场景还原让受众身临其境,切身体会那些动人的情感、伟大的精神和不可磨灭的意志,增强红色文化展示的表现力,提升红色文化传播内容的感染性;另一方面,要利用现代展示技术打造"互动式"参观体验,通过互动环节设计和互动游戏让受众参与其中,在自我实践中自觉地接受红色教育,进而增强红色文化传播内容的感染性,更好地传递红色精神。

媒介日益融入社会制度与文化领域的运作中。社会互动——在不同制度内、制度之间以及社会整体中——越来越多地通过媒介得以实现,因此,媒介逻辑,即媒介所具有的独特方式及特质越来越成为其他制度与文化社会必须遵循的逻辑。随着融媒体建设的持续推进,数字媒介技术与互联网深度融合,传媒产业实现再造。如今,传统媒体、新兴媒体和多元媒体在组织、技术、内容等方面深入合作;媒体融合为媒体和用户的多样化互动提供便利条件,增强了媒体与用户的交互性;以媒介技术为依托,媒体融合网络技术、数字技术,AR技术、VR技术、5G技术,形成全新的融媒体平台。媒体融合为红色文化传播提供了全新的理念、载体、渠道和路径。合理利用融媒体平台,有助于提取红色基因密码,继承与发扬红色文化。

在传统媒体时代,红色资源一般都分散化存在,如何将这些相互呼应、传承的红色资源转化成更适合生态化的传播渠道所需的表征资源库,数字技术提供了巨大的可能性。以"建党精神"为例,近年来上海中共一大会址纪念馆、浙江嘉兴南湖革命纪念馆借助数字技术,通过虚拟空间的融合再现,将"建党精神"

第六章 上海红色文化资源传承利用的创新机制

与"红船精神"、初心叙事形成跨时空的符号互动、呼应,主流媒体关于"从石库门到天安门"的百年叙事文本正是在这样的表征资源库的基础上,获得了强大的传播力和影响力。

在新媒体环境下,在不同平台中涌现了一大批红色文化的宣传者,其中有以地方政府为主导的微信公众号、抖音号等,它们贴近青少年生活,抓住青少年关注的文化元素、社会热点等,向青少年宣传积极向上的红色故事,解读历史事件,取得了良好的宣传效果。如共青团中央、党样青春、上海发布等,将红色文化进行了创造性的转化,吸引了一大批年轻人的关注。

充分做到讲好红色故事,最大限度地发挥平台优势和效应,发挥"核心竞争力+产业链"新模式的优势,促进文化、旅游、商业的高度融合。形成跨界合作的产业链和文化产业新的亮点,激活红色档案,擦亮红色地标,传承红色基因,传播红色文化,首批受聘的顾问单位有中共一大会址纪念馆、中共二大会址纪念馆、中共四大纪念馆等,以丰富的内容、多样化的形式促进红色资源整合,更好地传承红色基因、弘扬红色文化。上海红色文创发展中心充分依靠新时代的科技力量,通过智慧云演播传播系统以及 AR/VR 高科技技术的运用,重新诠释红色经典,其制作的文创作品"传承红色基因-融媒体读本"是利用二维码技术,将作为补充文本内容的视频、音频等融入书籍之中,使读者能够获得更加丰富的阅读体验,提升了红色文化书籍对青少年的吸引力。以革命历史事件为内容的红色动画作品《光辉的渔阳里》是上海红色文创发展中心对红色经典故事演绎形式的全新尝试,以更受青年人接受的动画形式,在坚持历史事件的严肃性、准确性的基础上,通过声画设计,赋予红色经典故事更多的现代属性，从而扩大了红色文化的发展空间，提高了红色文化在青年群体中的影响力。

传承红色文化要充分利用现代化的信息技术，实现从传统媒介向互联网平台的转换。过去红色文化传播的主要媒介是报纸、杂志、广播、电视，这种媒介的有效性基于信息和话语环境的相对封闭性，依赖于单向的传播环境。网络的出现和现代媒体的兴起，将整个世界改造成了信息场，每一个处于虚拟空间的人都既是文化的接受者，又是文化的传播者。多人参与、多向互动成为文化传播的主要方式，传播者与接受者的关系也发生了根本性变化。据此，要将红色文化基因植入现代文化受众心中，就必须使红色文化适应当下的网络语境，实现传播途径的多维度立体协同转换，以润物细无声的方式浸润人们的精神世界。在"互联网＋"时代，网络、自媒体和各类终端都可以成为红色文化的传播载体，红色文化场馆可以以数字化的形式呈现，红色文化的宏大叙事可以通过灵活多样、短小精悍的形式展现为 VR（虚拟现实）体验、H5 动画技术等现代科技与艺术相融合的方式，可以实现"微媒传播"，可以实现从静态到动态的转化，让场景"动"起来，让故事"活"起来，让历史事件更加生动。通过对传播内容的"再包装""再编码"，形成多维度、全景式的传播格局，通过沉浸式体验等现代的手法让民众在潜移默化中实现知、情、意、信、行合一。这种转换不仅能体现红色文化的历史底蕴，也富有时代特色，使人在感受现代科技的先进与便捷的基础上，被红色情怀感染和启迪，更易于理解红色文化所蕴含的思想和情怀，在与现实脉搏同频共振的同时，实现对史实的钻研深思，为传承红色文化拓展了新的渠道。

第六章 上海红色文化资源传承利用的创新机制

三、健全保障体系

在健全红色文化资源的保障制度方面,近年来,已有《山西省红色文化遗址保护利用条例》《南京市红色文化资源保护利用条例》等地方条例相继出台。2022年3月,全国人大代表提出建议,在总结地方法律立法工作实践经验的基础上,制定《中华人民共和国红色文化资源保护法》,让区域性、局部性的政策保护成为常态化的制度供给,从而使红色文化资源的传承与创新工作在法治轨道上行稳致远,进一步发挥制度对红色文化资源传承和保护的引导、激励、规范作用。

(一)加强法律法规建设的制度保障

在加强对红色文化资源的保护和管理方面,上海市积极酝酿制定相应的指导性制度,并采取相应的重点措施,主要有:第一,专项规划制度建设,由政府牵头编制实施红色文化遗存专项保护规划。第二,施工前文化影响评估制度。就保护范围、建设审批、保护责任等作出规定,因特殊需要进行项目建设和工程施工的,工程设计方案应当由所在地县级城乡规划(建设)主管部门征得文化(文物)主管部门同意后,予以批准。第三,财政经费保障制度。要求各级政府应将红色文化遗存保护工作经费列入本级财政预算,设立红色文化遗存保护专项资金,可通过财政拨款和接受捐赠等方式筹集。第四,名录管理制度。对各级行政区域内的红色文化遗存实施名录管理,市、县两级文化(文物)主管部门应当做好红色文化遗存的认定、记录、建档工作,并建立以数字技术为基础的红色文化遗存档案。

2020年9月18日,上海市委常委会研究了上海红色资源保护利用工作,要求加强法治供给,制定出台一部红色资源保护利用的地方性法规。之后成立了以市委宣传部部长为组长的立法工作领导小组,并由市委宣传部、市委党史研究室、市文化和旅游局、市司法局、市人大教科文卫委、常委会法工委以及上海社会科学院共同组成工作专班,开展专项调研和法规起草工作。市人大常委会多次召开红色资源立法工作专题会议,听取汇报并对立法工作作出具体部署。在市委红色资源立法工作领导小组统一领导下,有关部门协同推进立法工作。

2021年2月25日,市十五届人大常委会第二十九次会议对《上海市红色资源传承弘扬和保护利用条例(草案)》进行了一审。一审后,常委会法工委对条例草案进行了初步修改,形成征求意见稿向社会公开征求意见。在充分调研的基础上,在联席会议机制、分类保护、激励机制、长三角区域协作等重点问题上对条例草案进行了修改完善。3月23日,市十五届人大常委会第三十次会议对《上海市红色资源传承弘扬和保护利用条例(草案)》进行了二审。会后,常委会法工委召开座谈会听取部分街镇及消防救援、公安等部门的意见,会同市人大教科文卫委、市委宣传部、市委党史研究室、市文旅局、市司法局等部门认真学习了习近平总书记关于"用好红色资源,传承好红色基因,把红色江山世世代代传下去"等的重要论述,并根据常委会组成人员和有关方面的意见,对草案修改稿作了进一步研究修改。5月21日,市十五届人大常委会第三十一次会议表决通过了《上海

第六章 上海红色文化资源传承利用的创新机制

市红色资源传承弘扬和保护利用条例》,该条例自 2021 年 7 月 1 日起施行(参见附录)。

上海此次立法,是目前全国唯一一个在条例名称中增加"传承弘扬"的地方立法,强调要把红色资源作为坚定理想信念、加强党性修养的生动教材。坚持党委领导,突出了政治性和时代性。习近平总书记在浦东开发开放 30 周年庆祝大会上强调,"要传承红色基因、践行初心使命,不断提升党的建设质量和水平,确保改革开放正确方向"。此次红色资源立法充分体现了市委贯彻落实总书记重要讲话精神的高度站位和加强党的领导的理念:从立项、启动到起草全过程,都是根据市委要求,由党委职能部门统一牵头组织推进;同时,条例明确红色资源的传承弘扬和保护利用实行党委领导、政府负责、部门协同、社会参与的工作机制,建立市、区两级党委、政府相关部门为主要成员单位的联席会议机制,办事机构设在党委宣传部门。在建党 100 周年前夕开展红色资源立法工作,充分体现了本次立法的政治性和时代性。

在体例上,《上海市红色资源传承弘扬和保护利用条例》创新性地将"传承弘扬"作为第三章,放在了第四章"保护管理"之前;在内容上,"传承弘扬"一章共有十五条,占条例篇幅的四分之一。条例关于传承弘扬的方式多样、主体全面。条例中关于传承弘扬的具体方式丰富全面,涵盖了广播、电视、报刊、网站、电影、文艺作品等方方面面;传承弘扬的具体对象量多面广,囊括了学生、党员以及国家机关、社会团体、企事业单位、干部教育培训机构等各类人群、机构,实现了全覆盖。条例对于红色资源强调了规范、系统、适度的保护管理,更注重发挥红色资源在铸魂立根方面的教化育人作用,充分体现了立法的创新性和引领性。为平衡好红色资源保护与城市更新之间的关系,条例充分利用现行的文物、优秀历史建筑、烈士纪念设施、城市雕塑保护等方面的法律资源,实施分类保护,并对部分未覆盖到的红色旧址、纪念设施明确了相应保护要求,填补了管理空白。首先,对红色旧址、遗址、纪念设施或者场所等不可移动的红色资源分四类实施保护:属于不可移动文物、优秀历史建筑、烈士纪念设施的,按照国家和本市有关规定,通过划定保护范围、建设控制范围等方式予以保护,并依法采取相应保护措施;不属于不可移动文物、优秀历史建筑、烈士纪念设施的红色旧址,位于历史风貌区内的,可以通过历史风貌区保护规划确定为需要保留的历史建筑予以保护,位于历史风貌区外的,参照需要保留的历史建筑予以保护;不属于不可移动文物的红色遗址,通过设置纪念标识予以保护;不属于烈士纪念设施的其他纪念设施或者场所,按照公共文化设施、城市雕塑等有关管理规定,实施保护管理。其次,对可移动的红色资源分两类实施保护:属于红色资源名录中的可移动文物、档案等,按照有关法律法规规定,实施保护管理;不属于档案、可移动文物的文献、手稿、声像资料和实物等,按照市、区红色资源传承弘扬和保护利用联席会议确定的部门提出的保护要求实施保护管理。

(二)完善政府牵头的一体化联动保障

红色文化作为马克思主义中国化的重要成果,是对中华优秀传统文化的继承与发扬。红色资源作为一种特殊的文化资源,具有政治、经济、军事、文化、教育等综合性的功能与价值;红

第六章 上海红色文化资源传承利用的创新机制

色传统作为共产党人的优良传统,凸显了共产党的先进性和为人民服务的宗旨;红色基因作为共产党人为中华民族文化的发展而注入的优秀基因,决定了加强红色教育、弘扬红色文化和精神,有其特殊的要求。要坚持实现其社会价值和经济价值的统一,必须首先把红色传统和革命精神发扬起来,同时在全社会广泛深入开展红色教育。这也就决定了政府必须发挥主导性作用,并积极引导和支持全社会共同参与红色教育。

各级党委应把红色教育纳入党建目标管理责任,组织、宣传等部门要协同制定党员干部红色教育方案;各级党委和政府要建立责任制,推动红色教育贯穿到精神文明建设和国民教育全过程,落实到经济和社会建设的各个领域,形成红色文化育人的大格局。建立红色资源协同研发机制,统筹好各地方各部门的政策、信息、技术、人力、财力、物力等各种有效资源,形成宣传、文化、教育、新闻、出版、广播、电视、网络、高校、社科研究院所、学术团体、文化企业等联合研发的模式,推进跨区域红色资源研发与教育的合作。建立红色资源保护机制,出台相应法律法规,明确责任主体,规范红色资源开发行为,既保护好不可再生的原生性红色资源,又能结合时代发展的需要,赋予其新的内涵,研发和创造出新的教育资源成果。

推进与完善区域联动对加强红色资源保护利用具有重要的现实意义。以长三角区域联动为例,该区域是中国革命的重要舞台,拥有丰富的红色资源,建立"长三角区域协作"机制十分重要。具体来说,加强区域协作,构建长三角"红色一体化",需要在理论研究、馆际交流、文艺创作等方面加强红色资源协作开发,打造长三角区域红色旅游圈,提升长三角区域发扬红色传统、传承红色基因的整体水平。

《上海市红色资源传承弘扬和保护利用条例》设置了"长三角区域协作"专章,明确了相关内容。在红色资源理论研究方面,条例明确本市推动长三角区域宣传、统战、档案等部门和党史研究、社科研究、党校、高校等机构以及红色资源相关管理单位开展各个历史时期红色资源的理论研究,打造学术交流平台,共享理论阵地资源,合作举办学术研讨会,联合进行史料征集整理和专项课题研究,共同形成理论成果,提升长三角区域在全国相关学术研究领域的影响力。在馆际交流方面,条例明确本市推动长三角区域各类档案馆、博物馆、纪念馆、美术馆、图书馆以及其他红色资源收藏单位组建合作联盟,开展巡展联展,加强馆际资源协作开发。在文艺作品创作方面,条例明确本市推动长三角区域宣传、文化旅游、电影、教育等部门和文艺表演团体、演出场所经营单位等相关单位在红色主题文艺作品的选题、培育、研发、传播等领域加强合作,共同在文学、影视、舞台、美术、音乐、群众文艺和网络文艺等领域推出精品力作。在红色旅游推广协作方面,条例明确本市以长三角旅游推广联盟等平台为依托,推动长三角区域红色旅游合作,丰富旅游产品和线路,打造以点带线、以线联面、点面结合的长三角区域红色旅游圈。在红色资源共享方面,条例明确鼓励单位和机构利用长三角区域红色资源开展党史学习教育、爱国主义教育、理想信念教育,进行现场教学、红色寻访、社会实践等活动。

在开展长三角跨界合作方面的探索实践中,较为有代表性的如上海市档案馆与真实传媒有限公司展开合作,以上海市档案馆的红色馆藏资源为基础,拍摄了《上海记忆:他们在这里改变中国》微纪录片,全景展现了党在上海的奋斗史;江苏省档案馆与新华报业集团及省内多家红色纪念馆共同成立红色文化资源战略合作联盟,合力打造江苏省红色文化品牌。档案部门拥有其他部门、机构所不具备的"家底",但在文化建设与宣传、创意性开发等方面存在短板,因而需要联合相关媒体、社会组织、文化公司等"外脑"进行跨行业合作,提炼其中的红色文化符号并进行创意性的设计表达,形成新模式、新创意,让公众在潜移默化中获得情感共鸣与文化认同。

(三) 提升文化认同感的实践育人保障

随着改革开放的不断深化,社会思想道德建设也取得了显著成果,但也存在一些亟待解决的矛盾和问题,突出表现为八个"需要进一步":思想道德培育的方式特别是理论武装和思想教育方式需要进一步改进;思想道德培育的效果特别是社会主义核心价值观培育的效果需要进一步优化;思想道德培育的规模范围需要进一步扩展;思想道德培育的质量水平需要进一步提升;思想道德培育的方式方法需要进一步丰富;思想道德培育的人才队伍需要进一步加强;思想道德培育对经济发展和社会稳定的支撑作用需要进一步强化;思想道德培育的社会影响力和国际影响力需要进一步提升。可以说,这些矛盾和问题都与红色资源利用相关联,并随着红色资源的开发和利用而不同程度地得到解决。

社会存在决定社会意识,这是马克思主义认识和把握问题的一个基本思路。从唯物论来看,资源是客观存在的,是人创造的产物,是人的本质力量的体现;同时红色资源作为一种客观存在,反过来又培育人、塑造人、温暖人,这就是红色资源的功能,而且是红色资源最深刻、最重要、最核心的功能。红色资源在育人过程中,因其具有历史底蕴、立足地域特点、紧贴群众思想和情感,发挥着巨大作用,具有独特的育人效果。

在加强广大党员和人民群众红色教育的实践中,传承好红色基因,就是要强化理想信念教育,使其树立起正确的世界观、人生观、价值观、群众观、利益观,这是弘扬红色传统的基石。弘扬好红色传统,就是要弘扬中国共产党人的优秀文化,发扬中国共产党人的优良道德和作风与革命精神,这是利用好红色资源的思想本源。利用好红色资源,就是要有效保护、开发、运用好红色文化资源和物态资源,丰实红色思想资源,为经济社会发展提供优质的思想资源和教育资源。这既是中国共产党人承载的红色基因、红色传统、红色资源三者关系的内在表达,也是我们传承好红色基因、发扬好红色传统、利用好红色资源的实践方向。

红色资源在铸魂育人方面具有特殊价值,在开掘红色资源的育人功能时,教育引导广大党员群众在实践中把红色传统发扬好、把红色基因传承好,提升对红色文化的认同感十分重要。以高校为例,红色实践育人需要做到以下几点:

第一,提高政治站位与思想认识,增强红色实践育人的主动性。

教育的根本任务是立德树人。为谁培养人、培养什么样的人和怎样培养人具有相当重要的意义。在政治站位上,要上升到培养合格的社会主义建设者和接班人的高度。要充分认识红色文化教育和实践育人的重要性。红色文化是革命战争年代由

第六章　上海红色文化资源传承利用的创新机制

中国共产党人、先进分子和人民群众共同创造并极具中国特色的先进文化,蕴含着积极正面的革命精神和革命传统,有着天然的育人属性和教育优势。实践育人作为高校人才培养的重要环节,是课堂教育的延伸和升华,也是加强和改进大学生思想政治教育的重要途径。高校要充分发挥红色文化和实践育人的独特价值,进一步增强做好大学生思想政治工作的紧迫感和责任感。强化实践育人理念,把红色文化融入社会实践当中。要改变重理论轻实践、重知识传授轻能力培养的观念,切实加强实践育人工作,提高实践教学比重,坚持红色文化教育同社会实践相结合,广泛开展各类红色主题社会实践活动。借助红色文化开展实践教育,不仅能彰显红色文化的时代价值,实现红色文化的创造性转化和创新性发展,还可摆脱空洞说教,增强感知体验,让青年学生在身临其境的实践中重温红色文化内涵、踏寻红色足迹、传承红色精神,从而坚定永远跟党走的理想信念。

第二,丰富内容与形式载体,拓宽红色实践育人的覆盖面。

广泛开展形式多样的红色育人活动。创新实践育人形式,可以将红色文化教育融入校园文化活动中,积极营造红色文化实践育人氛围;通过组建红色文化艺术团等大学生社团,开展形式多样的红色文化宣传教育活动,不断强化大学生对红色文化的认同感。精心打造校外红色育人阵地。依托当地革命旧址、遗迹、纪念馆等红色文化资源,全力打造红色育人实践基地,通过组织学生深入基地开展各种社会实践活动,使他们深切感受到老一辈无产阶级革命家对中国革命事业的巨大贡献及革命胜利的来之不易,必须倍加珍惜。可以根据不同对象群体的特点设计不同形式的教育活动,如开展红色夏令营活动、开展深入实践基地的入党活动,以及将课堂搬到红色旧址场所开展现场教学活动等。同时,也需要积极构建线上红色育人平台。充分利用现代新媒体技术,创造性搭建适合大学生进行系统学习红色文化的融媒体平台,引导青年学生在云端实践活动中感悟革命精神、汲取红色力量。

第三,强化组织与制度保障,提升红色实践育人的实效性。

要切实加强组织保障。建立党委统一领导、党政齐抓共管、相关部门各司其职的育人联动机制,加强对红色实践育人的顶层设计、育人目标及运行方案的规划和实施,确保红色实践育人各项工作顺利开展。努力夯实师资队伍保障。建立红色文化育人师资库,统筹学校人力资源和社会智力资源,选聘一支政治素质高、专业能力强、管理水平高的红色文化实践育人特色团队,多种途径加大团队教师的培训力度,助力红色实践教育提质增效。着力抓好制度保障。立足于自身实际并根据党和国家的教育方针,进一步制定和完善红色实践育人的各项管理办法和措施,确保红色实践育人活动开展、建设、运行的制度化和规范化。

参考文献

[1] 上海市红色资源传承弘扬和保护利用条例[N].解放日报,2021-05-31.

[2] 上海市教卫工作党委、市教委.打造有温度的新时代思政课——党建引领下的上海学校思政课实践创新[J].上海党史与党建,2020(4).

[3] 安治民,杜朝举.红色文化融入思想政治理论课的三个维度[J].学校党建与思想教育,2022(13).

[4] 储舒婷.沉浸式大思政课增强做中国人的志气骨气底气[N].文汇

报,2021-07-06.

[5] 黄灵.沪上通过红色资源保护地方立法[J].检察风云,2021(13).

[6] 黄信兰.从上海南昌广州经验看成都红色资源保护利用[J].先锋,2021(9).

[7] 李亚,汪勇.论红色文化传承利用路径的优化[J].老区建设,2021(4).

[8] 刘小文.让红色成为实践育人的鲜亮底色[N].贵州日报,2022-10-12.

[9] 阮晓菁.传承发展中华优秀传统文化视域下红色文化资源开发利用研究[J].思想理论教育导刊,2017(6).

[10] 孙筠.上海市"红色立法"与红色资源利用服务研究[J].山西档案,2021(5).

[11] 王家佳,王伟.深入开发红色资源 打造红色文化新高地[J].档案与建设,2022(3).

[12] 王向女,姚婧."互联网+"时代长三角地区红色档案资源开发与利用的新方向[J].档案与建设,2020(8).

[13] 王雪玲.利用红色资源 传承红色基因[J].中学政治教学参考,2022(27).

[14] 徐功献,叶雯静.文化市场机制与红色文化社会化传播论析[J].行政科学论坛,2022,9(2).

[15] 徐玲英,童兵.媒介化视域下红色资源的创新传播[J].当代传播,2022(2).

[16] 徐晓宇,张一达.对新时代传承红色文化的几点思考[J].学校党建与思想教育,2022(18).

[17] 于晓明.融媒体平台视角下提升红色文化传播力研究[J].学校党建与思想教育,2022(12).

[18] 张海斌,战令琦.媒体融合视阈下红色文化传播策略探析[J].新

闻爱好者,2022(5).

[19] 周金堂.把红色资源红色传统红色基因利用好发扬好传承好[J].党建研究,2017(5).

[20] 朱彤.新时代大学生红色基因教育的现实挑战与应对策略[J].思想教育研究,2022(8).

附 录
上海市红色资源传承弘扬和保护利用条例

上海市人民代表大会常务委员会公告　第68号

《上海市红色资源传承弘扬和保护利用条例》已由上海市第十五届人民代表大会常务委员会第三十一次会议于2021年5月21日通过,现予公布,自2021年7月1日起施行。

上海市人民代表大会常务委员会

2021年5月21日

上海市红色资源传承弘扬和保护利用条例

(2021年5月21日上海市第十五届人民代表大会常务委员会第三十一次会议通过)

第一章　总　　则

第一条　为了加强对红色资源的传承弘扬和保护利用,彰显上海作为中国共产党诞生地的历史地位,弘扬红色文化,传承红色基因,不忘初心、牢记使命,培育和践行社会主义核心价值观,根据有关法律、行政法规,结合本市实际,制定本条例。

第二条 本市行政区域内红色资源的调查认定、传承弘扬、保护管理以及相关保障措施,适用本条例。

本条例所称的红色资源,是指中国共产党领导下,在新民主主义革命时期、社会主义革命和建设时期、改革开放和社会主义现代化建设新时期、中国特色社会主义新时代所形成的具有历史价值、教育意义、纪念意义的下列物质资源和精神资源:

(一)重要旧址、遗址、纪念设施或者场所等;

(二)重要档案、文献、手稿、声像资料和实物等;

(三)具有代表性的其他资源。

第三条 红色资源的传承弘扬和保护利用,必须坚持中国共产党的领导,增强"四个意识"、坚定"四个自信"、做到"两个维护",实行党委领导、政府负责、部门协同、社会参与的工作机制,遵循尊重史实、依法保护、合理利用、传承优先的原则。

第四条 市、区人民政府是本行政区域红色资源传承弘扬和保护利用工作的责任主体,应当将红色资源传承弘扬和保护利用纳入本级国民经济和社会发展规划以及政府目标责任考核,提升红色资源传承弘扬和保护利用工作水平。

乡镇人民政府、街道办事处按照职责,做好辖区内红色资源传承弘扬和保护利用工作。

第五条 本市建立党委领导下的市、区两级以宣传、党史研究、档案、文化旅游、规划资源、住房和城乡建设、退役军人事务、教育等部门和机构为主要成员单位的红色资源传承弘扬和保护利用联席会议机制,由联席会议负责统筹、指导、协调、推动红色资源传承弘扬和保护利用工作,研究决定红色资源传承弘扬和保护利用的重大事项,对红色资源传承弘扬和保护利用工作实施情况进行评估并向社会公布。

联席会议办事机构设在同级宣传部门,具体负责红色资源传承弘扬和保护利用联席会议的组织工作,推进落实红色资源传承弘扬和保护利用综合协调、督促检查等工作,完成联席会议交办的其他工作。

第六条　文化旅游部门负责红色资源中文物的保护利用工作,以及与红色资源传承弘扬和保护利用相关的公共文化、旅游服务等工作。

退役军人事务部门负责红色资源中烈士纪念设施的保护利用以及烈士褒扬工作。

规划资源部门负责与红色资源保护利用相关的历史风貌区、优秀历史建筑以及需要保留的历史建筑的规划管理工作。

房屋管理部门负责红色资源中优秀历史建筑和需要保留的历史建筑的保护利用工作。

档案部门负责监督和指导红色资源中档案的保护利用工作。

教育部门负责监督和指导学校开展红色资源传承弘扬和保护利用工作。

发展改革、财政、人力资源社会保障、新闻出版、电影、网信、国有资产、住房城乡建设、生态环境、绿化市容、交通、公安、消防救援、城管执法、统计、民政等部门,按照各自职责,协同实施红色资源传承弘扬和保护利用工作。

第七条　工会、共青团、妇联等群众团体应当发挥各自优势,组织开展相关红色资源传承弘扬和保护利用工作。

第八条　任何单位和个人都有依法保护红色资源的义务,不得破坏、损毁、侵占或者歪曲、丑化、亵渎、否定红色资源。

第九条　本市成立由相关领域专业人士组成的红色资源保护利用专家委员会,对红色资源认定和保护管理等事项提供咨询、论证、评审等意见。

第十条　对在红色资源传承弘扬和保护利用工作中作出突出贡献的单位和个人,按照国家和本市有关规定,给予表彰、奖励。

第十一条　本市充分发挥上海作为中国共产党诞生地、党成立后党中央机关长期驻扎地、社会主义建设重要基地、改革开放前沿阵地的红色资源优势,并加强与其他省市联动合作,共同守护好中国共产党人的精神家园。

第二章　调　查　认　定

第十二条　本市建立红色资源名录制度,将具有重要历史价值、教育意义、纪念意义的红色资源列入名录予以保护。

第十三条　市和区文化旅游、档案、退役军人事务、规划资源、房屋管理、教育等部门和党史研究、地方志机构应当定期组织开展红色资源的调查工作,并将调查成果提交同级红色资源传承弘扬和保护利用联席会议。

区红色资源传承弘扬和保护利用联席会议应当将区相关部门和机构的调查成果汇总后,提交市红色资源传承弘扬和保护利用联席会议。

公民、法人和其他组织可以向市、区相关部门提出列入红色资源名录的建议。

第十四条　市红色资源传承弘扬和保护利用联席会议应当遵循公开、公平、公正的原则,从专家委员会中选取相关领域专家,按照认定标准和程序进行评审,拟订列入红色资源名录的建议名单。建议名单应当向社会公示,征求公众意见,公示时间不得少于二十日。

市红色资源传承弘扬和保护利用联席会议根据专家评审意见和公示结果,提出红色资源建议名录,由市人民政府核定后公布。

红色资源认定标准由市党史研究机构会同市宣传、档案、文化旅游、退役军人事务、规划资源、房屋管理等部门和地方志机构制订,报市红色资源传承弘扬和保护利用联席会议审定。

第十五条　本市对红色资源名录实行动态调整。对已列入名录的红色资源,由市红色资源传承弘扬和保护利用联席会议提出建议,经市人民政府核定后调整;对新发现的具有重要历史价值、教育意义、纪念意义的红色资源,参照本条例第十三条、第十四条规定程序,及时列入红色资源名录并予公布。

第十六条　区红色资源传承弘扬和保护利用联席会议应当指定相关部门对列入红色资源名录的遗址(以下简称红色遗址)设置纪念标识;对列入红色资源名录的旧址、纪念设施或者场所(以下简称红色旧址、纪念设施或者场所)设置保护标识。

纪念或者保护标识的样式由市党史研究机构会同市文化旅游部门提出,报市红色资源传承弘扬和保护利用联席会议审定。

任何单位和个人不得擅自设置、移动、涂污、损毁纪念或者保护标识。

第十七条 本市建立红色资源名录数据库,健全信息共享机制。

市文化旅游、档案、退役军人事务、规划资源、房屋管理、教育等部门和党史研究、地方志机构应当对列入名录的红色资源进行记录、整理、建档,并运用现代信息技术对相关资料进行数字化保护,数字化成果应当依法共享。

第三章 传承弘扬

第十八条 本市贯彻"人民城市人民建、人民城市为人民"重要理念,弘扬海纳百川、追求卓越、开明睿智、大气谦和的城市精神和开放、创新、包容的城市品格,把红色资源作为坚定理想信念、加强党性修养的生动教材,开展党史、新中国史、改革开放史和社会主义发展史学习教育,实施党的诞生地发掘宣传工程、红色文化传承弘扬工程和上海市革命文物保护利用工程,深入发掘建党精神和新时代红色资源,发挥红色资源凝心聚力、铸魂育人、推动发展的社会功能,打响上海红色文化品牌。

第十九条 本市在每年"七一"前后集中开展红色主题活动,在国庆节、清明节、劳动节、烈士纪念日以及重大历史事件纪念日、重要战役纪念日等节点,组织开展各类纪念活动。

鼓励在红色旧址、遗址、纪念设施或者场所开展加入中国共产党、中国共产主义青年团、中国少年先锋队宣誓等活动。

第二十条 宣传、统战、档案等部门和党史研究、社科研究、党校、高校等机构,以及红色资源相关管理单位应当组织开展红色资源理论研究,加强档案整理利用研究,挖掘上海红色资源的历史价值和时代内涵。

第二十一条　新闻出版等部门应当支持红色资源理论研究成果、红色主题出版物的出版发行。

鼓励出版单位开展红色资源理论研究成果、红色主题出版物的出版策划和宣传推广,开发融媒体出版物,组织红色主题阅读活动。

第二十二条　广播、电视、报刊、网站等媒体应当坚持正确舆论导向,通过新闻报道、开设专栏、发布公益广告等方式,弘扬红色文化,并创新传播方式,拓展新媒体传播渠道。

第二十三条　宣传、文化旅游、电影、教育等部门应当支持红色主题文艺作品的创作和传播,通过文艺精品创作扶持等机制,加大扶持力度。

鼓励文艺表演团体、文艺工作者、演出场所经营单位等开展红色主题文艺作品创作、展演展映等活动。

鼓励在本市首发、首演、首映、首展优秀红色主题文艺作品。

第二十四条　各级人民政府和相关部门应当组织开展形式多样的群众性主题宣传教育活动,讲好红色故事,引导公众参与红色资源传承弘扬。

本市鼓励老党员、老战士以及英雄模范开展红色资源传承弘扬活动,推动革命传统和优良作风薪火相传。

本市将红色资源传承弘扬融入市民文化节、上海旅游节、上海国际电影电视节、上海书展等重大品牌节庆活动,利用机场、车站、港口以及行业窗口、办公楼宇等公共空间,拓展红色资源宣传阵地。

第二十五条　具备开放条件的红色旧址、遗址、纪念设施或者场所,应当按照国家有关规定,免费或者优惠向社会公众开放。

红色旧址、遗址、纪念设施或者场所开放或者服务项目收取费用的,应当对未成年人、成年学生、教师、老年人、残疾人、军人和消防救援人员等实施免费或者其他优惠。

鼓励档案馆、博物馆、纪念馆、党史馆、美术馆、图书馆以及其他单位和个人将所有或者保管的红色资源,向社会开放或者公布。

第二十六条 具备开放条件的红色旧址、遗址、纪念设施或者场所应当向公众提供陈列展览、展示体验等服务,并运用互联网、大数据等信息技术,推动展览展示方式融合创新。

鼓励档案馆、博物馆、纪念馆、党史馆、美术馆、图书馆以及其他红色资源收藏单位研究整理和开发利用馆藏或者收藏的红色资源,开展专题展览、公益讲座、媒体宣传、阅读推广等传承弘扬活动。

红色旧址、遗址、纪念设施或者场所的展览展示内容和解说词应当征求党史研究机构意见;展览展示和讲解的内容,应当具有准确性、完整性和权威性。

宣传、文化旅游等部门应当加强红色资源相关信息应用平台建设,推进红色资源的在线集中推广和宣传展示。

第二十七条 鼓励依托红色旧址、遗址、纪念设施或者场所创建爱国主义教育、党史教育、廉政教育、国防教育、学生社会实践等基地,配备教育管理团队,发挥红色资源的社会教育功能。

鼓励红色旧址、遗址、纪念设施或者场所管理单位与国家机关、社会团体、企业事业单位和其他组织建立共建共享机制,为开展爱国主义教育等活动提供便利。

第二十八条　鼓励各级党组织利用红色资源开展党员理想信念教育，在红色旧址、遗址、纪念设施或者场所组织召开支部党员大会、支部委员会会议、党小组会以及上党课、开展主题党日等活动。

第二十九条　国家机关、事业单位和国有企业应当利用红色资源定期组织开展红色主题教育活动。

党校、干部教育培训机构应当将红色主题教育纳入教学必修课程，利用红色资源开展现场教学，组织学员到红色旧址、遗址、纪念设施或者场所开展学习培训和志愿服务。

第三十条　教育部门应当推动红色文化进校园，将红色文化融入思想道德、文化知识、社会实践等教育教学内容。

学校应当利用红色资源开展德育、智育、体育、美育、劳育等教育教学活动，每学年组织学生参观红色旧址、遗址、纪念设施或者场所等，开展爱国主义教育和社会实践活动。

第三十一条　本市依托新时代文明实践中心推动红色资源传承弘扬与文明实践活动融合发展，建立健全相应志愿服务机制，组织开展志愿服务活动，铭记革命历史，传承革命传统。

鼓励红色旧址、遗址、纪念设施或者场所管理单位建立红色资源传承弘扬志愿服务队伍。

宣传、文化旅游、教育等部门应当对红色资源传承弘扬志愿服务给予指导和支持。

第三十二条　文化旅游部门应当指导开发红色旅游线路、经典景区，培育红色旅游品牌，深化红色旅游区域合作，提升红色旅游与都市旅游、乡村旅游、研学旅游、科技旅游等业态融合发展。

鼓励、支持单位和个人参与红色旅游开发,合理利用红色资源,提升红色旅游内涵和影响力。

第四章 保 护 管 理

第三十三条 规划资源、生态环境、文化旅游等部门在组织编制国土空间规划以及环境保护、文化旅游发展等专项规划时,应当体现红色资源保护利用的要求。

第三十四条 文化旅游、规划资源、房屋管理、退役军人事务等部门按照各自职责,对红色旧址、遗址、纪念设施或者场所按照下列规定实施分类保护:

(一)属于不可移动文物、优秀历史建筑、烈士纪念设施的,按照国家和本市有关规定,通过划定保护范围、建设控制范围等方式予以保护,并依法采取相应保护措施;

(二)不属于不可移动文物、优秀历史建筑、烈士纪念设施的红色旧址,位于历史风貌区内的,可以通过历史风貌区保护规划确定为需要保留的历史建筑予以保护;位于历史风貌区外的,参照需要保留的历史建筑予以保护;

(三)不属于不可移动文物的红色遗址,通过设置纪念标识予以保护;

(四)不属于烈士纪念设施的其他纪念设施或者场所,按照公共文化设施、城市雕塑等管理规定,实施保护管理。

红色资源名录中属于档案、可移动文物的,按照有关法律法规规定,实施保护管理;不属于档案、可移动文物的文献、手稿、声像资料和实物等,按照市、区红色资源传承弘扬和保护利用联席会议确定的部门提出的保护要求,实施保护管理。

第三十五条 红色资源的所有权人或者管理人、使用人为红色资源保护责任人。

红色资源保护责任人应当对红色资源进行日常保养和维护,采取防火、防盗、防自然损坏等措施,及时消除安全隐患。

消防救援、公安、房屋管理等部门应当对红色资源保护责任人开展日常保养和维护活动进行指导,并加强监督检查;消防救援、公安等部门应当按照规定将符合条件的单位确定为消防安全重点单位、治安保卫重点单位。

本市对红色资源保护责任人开展红色资源保护利用工作给予激励和支持。

第三十六条 因突发事件造成或者可能造成红色资源重大损失时,保护责任人应当立即采取保护措施,并向有关主管部门或者所在地的区人民政府报告;有关主管部门或者所在地的区人民政府应当给予指导和支持。

第三十七条 任何单位和个人不得擅自迁移、拆除红色旧址、纪念设施或者场所,不得擅自在红色遗址原址重建。

对红色旧址、纪念设施或者场所进行修缮、改扩建的,应当依法报规划资源、文化旅游、住房城乡建设、房屋管理等相关部门审批;必要时,审批部门应当征询同级红色资源传承弘扬和保护利用联席会议意见。

第三十八条 区、乡镇人民政府以及街道办事处应当加强辖区内红色旧址、遗址、纪念设施或者场所的秩序管理,并对周边道路、街区景观进行环境综合整治。

第三十九条 鼓励档案馆、博物馆、纪念馆、党史馆、美术馆、图书馆等收藏、研究单位对红色资源中的重要档案、文献、手稿、声像资料和实物等进行征集、收购。征集、收购应当遵循公平、自愿的原则。

鼓励单位和个人将收藏的红色资源捐赠或者出借给收藏、研究单位进行展览和研究。收藏、研究单位应当尊重捐赠人或者出借人的意愿,对捐赠或者出借的物品妥善收藏、保管和展示。

第五章　长三角区域协作

第四十条　本市推动长三角区域红色资源传承弘扬和保护利用的协同发展,开展红色资源理论研究、馆际交流、文艺创作、红色旅游等活动,加强红色资源共享共用,提升长三角区域发扬红色传统、传承红色基因的整体水平。

第四十一条　本市推动长三角区域宣传、统战、档案等部门和党史研究、社科研究、党校、高校等机构以及红色资源相关管理单位开展各个历史时期红色资源的理论研究,打造学术交流平台,共享理论阵地资源,合作举办学术研讨会,联合进行史料征集整理和专项课题研究,共同形成理论成果,提升长三角区域在全国相关学术研究领域的影响力。

第四十二条　本市推动长三角区域各类档案馆、博物馆、纪念馆、美术馆、图书馆以及其他红色资源收藏单位组建合作联盟,开展巡展联展,加强馆际资源协作开发。

第四十三条　本市推动长三角区域宣传、文化旅游、电影、教育等部门和文艺表演团体、演出场所经营单位等相关单位在红色主题文艺作品的选题、培育、研发、传播等领域加强合作,共同在文学、影视、舞台、美术、音乐、群众文艺和网络文艺等领域推出精品力作。

第四十四条 本市以长三角旅游推广联盟等平台为依托,推动长三角区域红色旅游合作,丰富旅游产品和线路,打造以点带线、以线联面、点面结合的长三角区域红色旅游圈。

第四十五条 鼓励单位和机构利用长三角区域红色资源开展党史学习教育、爱国主义教育、理想信念教育,进行现场教学、红色寻访、社会实践等活动。

第六章 保障措施

第四十六条 市、区人民政府应当将红色资源传承弘扬和保护利用经费列入本级财政预算,建立与经济社会发展相适应的经费保障机制。

第四十七条 市、区人民政府及其相关部门、红色资源相关管理单位应当按照红色资源传承弘扬和保护利用的实际需要,加强专业人员培养和队伍建设,提高职业素养和服务能力。

各类红色资源相关管理单位的专业人员在相关部门组织的职称评定、学习培训、表彰奖励等方面享有同等待遇。

第四十八条 鼓励和支持公民、法人和其他组织通过捐赠、资助、志愿服务等方式,参与红色资源传承弘扬和保护利用工作。

第四十九条 鼓励利用红色资源开发文化创意产品,将取得的收入用于加强红色资源传承弘扬和保护利用、藏品征集、继续投入开发等。

鼓励利用市场机制,探索版权合作等多样化合作模式,引导各类市场主体利用红色资源开发文化创意产品。

第五十条　本市将红色资源传承弘扬和保护利用情况作为精神文明创建活动内容,纳入精神文明创建考核评价体系。

第五十一条　市、区人大常委会应当通过听取和审议专项工作报告、开展执法检查等方式,加强对本条例执行情况的监督。

市、区人大常委会应当充分发挥各级人大代表作用,组织人大代表围绕红色资源传承弘扬和保护利用情况开展专项调研和视察等活动,汇集、反映人民群众的意见和建议,督促有关方面落实红色资源传承弘扬和保护利用各项工作。

第五十二条　检察机关应当依法在英雄烈士保护、历史风貌区和优秀历史建筑保护等红色资源保护利用相关领域开展公益诉讼工作。

第七章　法　律　责　任

第五十三条　违反本条例规定的行为,法律、法规已有处理规定的,从其规定。

第五十四条　违反本条例规定,擅自设置、移动、涂污、损毁红色资源纪念或者保护标识的,由文化旅游部门责令改正,对个人处二百元以上二千元以下罚款,对单位处五百元以上五千元以下罚款。

第五十五条　违反本条例规定,破坏、损毁、侵占或者歪曲、丑化、亵渎、否定红色资源的,由有关主管部门责令改正;构成违反治安管理行为的,由公安机关依法给予处罚;构成犯罪的,依法追究刑事责任。

第五十六条 违反本条例规定的行为,除依法追究相应法律责任外,相关部门还应当按照规定,将有关单位和个人的信息向本市公共信用信息平台归集,并依法采取惩戒措施。

第五十七条 各级人民政府及其有关部门违反本条例规定,不履行红色资源保护管理法定职责的,由有关主管部门责令改正;拒不改正或者造成严重后果的,对直接负责的主管人员和其他直接责任人员依法追究相应责任。

第八章 附 则

第五十八条 本条例自2021年7月1日起施行。

致　　谢

　　本书是2021年度上海市教育科学研究一般项目"上海红色文化资源传承利用长效机制研究"(项目批准号：C2021113)课题的研究成果。在课题研究及出版过程中得到了上海工程技术大学学科建设研究经费的支持。上海工程技术大学马克思主义学院的刘志欣教授、孙晓艳教授、刘芳教授，华东政法大学传播学院的范玉吉教授以及上海社会科学院出版社的陈慧慧编辑等都给予了大量支持。同时，研究生孔非凡、王蕊、徐琦等同学也在"上海红色文化资源利用共享的数字平台""上海红色文化资源的评价""上海红色文化资源传承利用的创新机制"章节的调研、文献检索以及初稿撰写等方面做了大量工作，在此一并表示深深的谢意！

许传宏
2023年9月于上海

图书在版编目(CIP)数据

上海红色文化资源传承利用的机制构建 / 许传宏著.
上海 : 上海社会科学院出版社, 2024. -- ISBN 978-7
-5520-4417-1
Ⅰ. F592.751
中国国家版本馆 CIP 数据核字第 2024343HR2 号

上海红色文化资源传承利用的机制构建

著　　者：许传宏
责任编辑：陈慧慧
封面设计：黄婧昉
出版发行：上海社会科学院出版社
　　　　　上海顺昌路 622 号　邮编 200025
　　　　　电话总机 021-63315947　销售热线 021-53063735
　　　　　https://cbs.sass.org.cn　E-mail：sassp@sassp.cn
照　　排：南京理工出版信息技术有限公司
印　　刷：上海新文印刷厂有限公司
开　　本：890 毫米×1240 毫米　1/32
印　　张：7.5
字　　数：165 千
版　　次：2024 年 6 月第 1 版　2024 年 6 月第 1 次印刷

ISBN 978-7-5520-4417-1/F·772　　　　　　　　定价：56.00 元

版权所有　翻印必究